歴史文化ライブラリー
435

# 頼朝と街道

## 鎌倉政権の東国支配

木村茂光



吉川弘文館

# 目　次

# 「動く頼朝」の視点——プロローグ

## 1　「動く頼朝」の視点

### 動かぬ頼朝、動く頼朝

「源頼朝《みなもとのよりとも》は後白河法皇のたびたびの要請にもかかわらず、平氏追討に動かず、ついには弟の範頼《のりより》・義経《よしつね》を自分の代官として派遣した」というような文章を読んだことがあるのではないだろうか。実際、頼朝は有名な守護《しゅご》・地頭《じとう》の設置交渉にも北条時政《ほうじょうときまさ》を派遣するなどして鎌倉を離れなかった。そして、ようやく頼朝が上洛するのは、奥州の平泉《ひらいずみ》政権を倒した翌年建久元年（一一九〇）のことである。

しかし、頼朝はまったく動かなかったわけではない。頼朝は、少なくとも、

①四九日

②三一日
③九四日
④八六日
⑤七五日
⑥一四一日

の六回の長期遠征に出ている。結構長い遠征を行っていたことが確認できよう。⑥などはなんと約五ヵ月にも及んでいる。皆さんは、それぞれいつ、どこへの遠征だかわかるであろうか。

①は、治承四年（一一八〇）に挙兵し、伊豆国の目代《もくだい》山木《やまき》兼隆《かねたか》を討ったものの石橋山《いしばしやま》の合戦で敗北し、房総半島に渡って上総《かずさ》氏、千葉氏を味方にし、さらに武蔵《むさし》国の畠山《はたけやま》・河《かわ》越《ごえ》・江戸《えど》氏ら秩父平氏を懐柔して、本拠とする鎌倉に入った時の日数である。

②は、同年東下してくる平氏の追討軍を迎え撃つために駿河《するが》国富士川《ふじかわ》まで出向いて勝利した後（富士川の合戦）、休む間もなく常陸《ひたち》国の豪族的武士佐竹秀義《さたけひでよし》を攻めて奥羽に追いはらい（金砂《かなさ》合戦）、帰路武蔵国府《むさしこくふ》を経由して鎌倉に戻った時の日数である。

あとは、詳しくは後述するので簡単に指摘するにとどめたい。すなわち、

図1　源頼朝像（東京国立博物館所蔵）

③は文治五年（一一八九）に奥州藤原氏を討滅させた奥州合戦
④は前述の建久元年の第一回目の上洛
⑤は建久四年（一一九三）のいわゆる富士の巻狩《まきが》り
⑥は建久六年の第二回目の上洛
である。

挙兵時と奥州合戦以後の二時期に集中しているが、頼朝がこの時期に長期にわたって動いていることの政治的意味については、それぞれの政治的動向との関連で、個々に言及されることはあっても、全体としてその意味について取り上げられることはあまりない。頼朝の数度にわたる長期の遠征の政治的意味を、頼朝政権成立過程における東国支配と街道支配との関係から考えてみようというのが本書の第一の課題である。

## 武家政権の首都鎌倉の建設

頼朝政権の成立を考える上で、重要なポイントになるのが武家政権の首都鎌倉の成立であることは論をまたない。政治権力の成立・確立だけでは、頼朝政権の全国支配は完成したとはいえないからである。全国を支配するためには、全国的な流通経済・社会構造の中心としての首都鎌倉の建設と、それを支える流通構造の構築は不可欠である。

日本人の歴史理解の悪い癖で、政治権力ができると支配体制も成立するという考えが根強くある。たとえば、やや大げさだが、大宝《たいほう》律令が制定され平城京に遷都するとすぐに律令国家体制ができあがった、と考えたり、徳川家康が征夷大将軍に任命されると江戸幕府ができ、幕藩体制が成立した、とする考え方である。

いくら父源義朝《よしとも》が鎌倉に居を構えていたとはいえ、頼朝が流罪されたのは伊豆国であって相模《さがみ》国ではなかったし、流罪されたのは永暦元年（一一六〇）のことで、挙兵し鎌倉に入ったのは治承四年（一一八〇）であるから、少なくとも二〇年間は源氏と鎌倉との直接的関係は途絶えていたのである。源氏縁《ゆかり》の地とはいえ、頼朝入部以前の鎌倉は「都市」

などといえるような状態ではなかった。

したがって、頼朝は、全国支配のための政治権力、支配体制を構築しつつも、その一方では武家政権の首都にふさわしい都市鎌倉を建設しなければならなかったのである。

しかし、鎌倉の建設がそれほど順調に進まなかったことは、建久二年（一一九一）の鎌倉大火をあげるだけでも明らかである。三月四日、小町大路《こまちおおじ》付近から出た炎は北条義時《ほうじょうよしとき》らの屋敷を焼き、その余炎は飛び火して「鶴岡馬場本の塔婆《とうば》」に移り、幕府や鶴岡八幡宮の若宮《わかみや》・廻廊《かいろう》・経所《きょうしょ》などを灰燼《かいじん》と化してしまったのである。頼朝は、その年の大半を鎌倉再建に費やし、その努力の甲斐あって、一一月二一日には鶴岡八幡宮・若宮・末社らの再建を祝う儀式を京都から楽人らを招いて大々的に行っている（『吾妻鏡』同年三月四日条〜一一月二一日条。以下、『吾妻鏡』からの引用は『吾』と記す。木村二〇〇七）。

この事実をもってしても、都市鎌倉の完成はそれほど早くなく、したがって、一二〜一三世紀初頭の東国社会における物流構造や流通経済に占める鎌倉の位置も、あまり高く評価することはできないであろう。

頼朝政権が全国的な政治権力として君臨するために、それまでの物流構造を再編しながら、いかにして首都鎌倉を建設したのか。この課題も、先に述べた頼朝の街道支配の問題と密接に関係していることはいうまでもない。武家政権の首都鎌倉の成立と街道支配とその展開との関係を明らかにすることも、本書の課題である。

## 巨大都市平泉の位置

首都鎌倉の建設がそれほど順調に進まず、したがって一二世紀の東国における流通経済への影響もそれほど大きくなかったとするならば、当該期東国の物流構造・流通経済の特徴をどのように理解すればよいのだろうか。

そこで注目しなければならないのは、奥州藤原政権の首都平泉《ひらいずみ》の存在である。「柳之《やなぎの》御所《ごしょ》」の発掘以来平泉の研究は大きく進展し、都市平泉の全容が解明されつつある。詳しくは「大平泉の構造」で紹介するが、中尊寺《ちゅうそんじ》・毛越寺《もうつうじ》を中核とする大寺院群、その平泉を中核にそれを取り囲むような遺跡群＝「大平泉」、北奥羽さらにはエゾ地＝北海道の産物までも手中に収めた大交易圏、などの存在が明確になり、平泉の巨大都市としての性格が明らかになった（斉藤二〇一四）。

とりわけ、金と馬と鷲羽《わしのは》は「平泉の富の三点セット」と評価され、全国の流通経済に大きな影響力をもった。このような都市平泉の物流の求心性は、一二世紀の東国社会の流通構造に大きな規定性を与えていたことは間違いない。

ということは、頼朝が首都鎌倉を建設し、それを中心とした新たな物流構造を構築するためには、この巨大都市平泉がもっていた物流の求心性をわが物にすることが絶対に必要な作業であった。平泉の求心性を鎌倉に取り込むか、または破壊するか。どちらかの作業がどうしても必要であったのである。

すでに理解していただけると思うが、頼朝の圧力に負けた藤原泰衡《やすひら》が源義経を滅ぼしたため、義経追討を口実にした奥州攻めの根拠はなくなり、かつ後白河法皇が反対したにもかかわらず、大軍を率いて都市平泉を壊滅させたのは、この点と密接に関係していると考えられる。

### 東山道と北関東

やや結論めいた内容になってしまったが、話を戻して、一二世紀の流通・物流の中心として都市平泉を以上のように評価することが可能であれば、平泉と平安京とを結ぶ交通路も問題になる。その時注目したいのが、当然のことであるが、奥大道《おくのおおみち》とそれに接続する東山道《とうさんどう》である。

もちろん、巨大都市平泉の物流の求心性を支えていたのは陸の街道だけではなく、海の海道を考慮しなければならないとしても、毛越寺の仏像群を制作した仏師に対する功物《こうぶつ》を運ぶ駄馬《だば》らが「(東)山道・(東)海道」にとぎれることがなかった、と記されているように(『吾』文治五年九月七日条)、やはり街道が果たした位置は大きいであろう。それを担ったのが奥大道と東山道であった。

先にも述べたように、鎌倉幕府の成立＝都市鎌倉の成立と理解してしまう私たちは、中世の交通・物流というとすぐに鎌倉を中心とした東海道を所与の前提として考えがちだが、都市鎌倉が成立する以前の東国社会における交通・物流の様相は相当異なっていたと考えなければならない。

そういえば、近年 平 将門《たいらのまさかど》の乱《らん》を含めて、東国の兵乱において東山道・奥大道が果たした役割が注目されている（川尻二〇〇七、鈴木二〇一二、高橋修二〇一五）。そして、この東山道沿いには、一二世紀になると新田氏、足利氏、小山《おやま》氏、宇都宮氏など挙兵時の頼朝と同等の勢力を誇った豪族的武士団が蟠踞《ばんきょ》するようになっていた。また、頼朝の父義朝とは違った政治路線をとった祖父為義《ためよし》の郎等《ろうとう》らの活動が確認できるのも東山道沿いの北関東であった。

その象徴的な事件が久寿二年（一一五五）に北武蔵で起こった大蔵合戦《おおくらがっせん》である。この合戦は、為義の嫡子義賢《よしかた》と義朝の長子義平《よしひら》とが争ったことから、翌年に勃発する保元の乱における為義と義朝との対立の前哨戦といわれる。詳細は後述するが、一二世紀前半から中葉にかけての北関東は、東山道・奥大道という物流の大動脈が通過していたことも影響して、政治的矛盾の坩堝《るつぼ》であったということができる。

## 「動く頼朝」という視点

これまでの鎌倉幕府成立に関する研究は、どちらかというと武家政権成立史という視点からのものが多く、頼朝権力が義仲《よしなか》権力、平氏政権、奥州藤原氏政権、という政治的敵対勢力をいかに打倒し、国家権力として自立していくか、という視点から研究される傾向が強かった。

しかし、これまでの簡単な叙述からも、頼朝が権力を樹立し、武家政権として自立するためには、それら敵対する政治勢力の打倒という課題以外にも、いくつもの克服しなければならない課題があった。とくに強調したい点は、頼朝政権が鎌倉を拠点に成立する前提には、日本列島を縦断する物流の中心としての巨大都市平泉が存在したということである。「海人《かいじん》・野鼠《やそう》」の住居といわれた鎌倉を武家政権の首都、全国的な物流の拠点とすることは、政治権力ができればそれに付随してできあがるというような単純なものではない。

また、東山道沿いに蟠踞する豪族的武士団の存在も無視することはできなかった。先述のように、彼らは東山道―奥大道という物流の大動脈の周辺を勢力の基盤とし、いざとなれば平泉政権とも直結する可能性をもっていたからである。義仲、平氏、奥州藤原氏だけではないのである。頼朝政権が権力基盤とする関東、とくに北関東をいかに制圧するかも大きな課題であった。

このような頼朝の課題と、彼が挙兵時と奥州合戦後に長期の遠征を繰り返していたこととは、きっと密接に関係していたはずである。頼朝が関東を基盤に武家政権を樹立し、さらに武家政権の首都鎌倉を確立していく過程を、「動く頼朝」という視点から、彼が動いた「街道」に焦点を絞って考えてみることにしたい。

## 街道研究の進展

このような視点をもつに至った背景には、近年における街道研究の進展がある。もちろん、街道・道に関する研究は新城常三氏の古典的研究『戦国時代の交通』（一九四三年）や『鎌倉時代の交通』（一九六七年）などがあったが、それらの成果を踏まえながら、二〇〇〇年代に入って現地調査や軍隊の移動などの視点から新たな研究が生み出された。その代表が、榎原雅治『中世の東海道をゆく』（二〇〇八年）と齋藤慎一『中世を道から読む』（二〇一〇年）であろう。

榎原氏の著書は、飛鳥井雅有《あすかいまさあり》の紀行文『春《はる》の深山路《みやまじ》』をベースに、さまざまな資料から中世の東海道の様相と風景を復元した名著で、地形や気候の復元などを駆使してその目的を達成している。その書名が示すように、大部分は東海道の復元にあてられているが、「第六章　中世の交通路と宿」は中世一般の交通研究が整理されていて参考になった。

齋藤氏の著書は、中世の街道の実像は「わからないことだらけ」という認識のもと、中世の幹線道路の環境や条件、それを補完するための道・街道の存在の解明を試みている。「第一章　路次《ろじ》不自由」という章の題名が象徴的なように、軍隊などが通交できる状況や条件について豊富な史料に基づいて論述されており、道・街道の利用の「不自由さ」を提起されている点は重要である。

また、南北朝期の東国の争乱と交通路との関係を分析するなかで、鎌倉時代後期・南北朝期に至っても、鎌倉街道上道と東山道を重視するという姿勢が変わらなかったこと、そして、その争乱における軍勢移動の際に、武蔵国府（府中）が軍勢集結の拠点になっていた、という指摘は、頼朝政権成立期における鎌倉街道上道・東山道・武蔵国府の役割を考えるうえで大いに参考になった。

さらに、「動乱の東国史」の一冊として出版された高橋一樹『東国武士団と鎌倉幕府』（二〇一三年）は、鎌倉を中心とした交通体系の解明を重要な視点として、平安時代末期から鎌倉幕府の成立までの歴史を扱ったユニークな「鎌倉幕府成立論」である。東国を主な対象としていること、交通路と鎌倉幕府成立史とを関連づけて理解しようとしている点など、私の考え方と共通する点が多く、論点を広め、深める上で大いに参考にさせていただいた。東山道・東海道という幹線道路以外にそれらをむすぶ多様な道・街道の存在と利用が復元されており、政治・権力と交通路との関係を豊かに描き出した力作ということができよう。

これら以外にも街道・交通路に関する研究は多々あるが、個別的な対象や特定の地域を超えて街道・交通史の全体的な重要性を考える上で、以上三冊の研究上の位置は大きいといえよう。本書がこれらからの恩恵を受けていることはいうまでもない。

# 都市鎌倉と巨大都市平泉

## 初期の鎌倉

　まず、頼朝《よりとも》が首都鎌倉を中心とした政治体制を確立するための前提として、初期鎌倉の実相と巨大都市平泉《ひらいずみ》の実像を確認することから始めよう。

### 海人・野鼠の棲み家

　所はもとより辺鄙《へんぴ》にして、海人《かいじん》・野鼠《やそう》（農民）のほかは、卜居《ぼっきょ》の類、これを少のうす。これは、源頼朝が治承四年（一一八〇）、常陸《ひたち》国の豪族的武士団佐竹氏を奥羽に追いやって（金砂《かなさ》合戦）、鎌倉に戻った時の記事である（『吾』同年一二月一二日条）。文章にやや誇張があるとしても、頼朝が鎌倉に入ってもすぐには邸宅を構えられるような状況でなかったことは理解できよう。続いて『吾妻鏡』は「閭巷《りょこう》路を直《すぐ》にし、村里の号を授《な》く。しかのみならず家屋甍《いらか》を並べ、門扉軒《のき》を輾《きし》る」とも記すが、このような政策がただちに実現されたとは到底考えられない。

頼朝の父義朝《よしとも》が鎌倉と関係をもったのは一一四〇年前後からであるが、平治の乱（一一五九年）で敗北した後は源氏と鎌倉の関係は消滅してしまう。そして、頼朝が死罪を免れ、永暦元年（一一六〇）に流罪になったのは伊豆国蛭ヶ小島《ひるがこじま》（静岡県伊豆の国市）であって、相模《さがみ》国ではなかった。そして、平氏打倒の兵を挙げ、房総半島を一周していよいよ鎌倉に入ったのは治承四年のことであるから、いくら父義朝以来の縁がある鎌倉であったとしても、少なくとも二〇年間は源氏と鎌倉の関係は切れており、当時の鎌倉が「海人・野鼠」の棲み家であったというのもあながち否定できない。

したがって、鎌倉に政治権力の拠点をおいた頼朝であったが、彼は平氏や義仲《よしなか》などの敵対する政治勢力と対抗しながら、武家権力の首都としての鎌倉の都市形成に精力を注がなければならなかった。頼朝は、治承四年一二月一二日に新造の大倉御所に入った。供奉して侍所に列した御家人は三一一人であったという。『吾妻鏡』はこの記事の後に「また御家人ら同じく宿館を構う」と記し、前記の「閭巷路を直にし、村里の号を授く。しかのみならず家屋甍を並べ、門扉軒を輾る」と続くのである。前述のように、このような状態がすぐに実現できたとはいえないが、大倉御所の完成を機に鎌倉の都市造りが本格化したことは間違いないであろう。

その後、養和元年（一一八一）には御所の傍に小御所と御厩が棟上げされ、鶴岡八幡宮若宮の遷宮、さらには八幡宮に通じる参道の建設など、着実に都市造りが進められた。そして、元暦元年（一一八四）には大倉御所の廂に問注所と公文所を設置して、幕府の陣容も整うことになったのである。

しかし、ことはそれほど順調に進まなかった。それは、建久二年（一一九一）に起きた鎌倉大火に象徴的に示されている。

建久二年三月四日、小町大路《こまちおおじ》辺から出火した炎は北条義時《ほうじようよしとき》邸らを焼き、その余炎は「鶴岡馬場の塔婆《とうば》」に飛び火し、さらに幕府・若宮《わかみや》神殿・廻廊《かいろう》・経所《きようしよ》らを灰燼《かいじん》と化した（『吾』同日条）。焼失した現場に立ち「礎石を拝して御涕泣《ていきゆう》」した頼朝は、早くも八日に、若宮の再建に着手している。この年の頼朝は精力のほとんどを鎌倉の再建に傾けたようで、『吾妻鏡』には主だった政策をみることができない（木村二〇〇七）。しかし、その努力の甲斐あって、一一月二一日には、鶴岡八幡宮・若宮および末社らの再建供養が京都から楽人らを招いて大々的に挙行されている（『吾』同日条）。

図2　鶴岡八幡宮舞殿と若宮大路

都市鎌倉の本格的な建設は、まさにここから再出発せざるを得なかったのである。

**初期鎌倉のメインストリート**

さて、初期の都市鎌倉の建設において注目されるのは、鶴岡八幡宮の由比郷から小林郷北山（現在の鶴岡八幡宮）への移転である（『吾』治承四年一〇月一二日条）。これによって都市鎌倉の中心ができた。また、父義朝の邸宅跡にはすでに堂舎が建設されていたし（現在の寿福寺《じゅふくじ》）、『吾妻鏡』によれば、頼朝の御所の東にある荏柄天神社《えがらてんじんしゃ》や大倉観音堂（現在の杉本寺）もそれまでに建立されていたという。

さらに、頼朝は父義朝の菩提を祀る勝長寿院《しょうちょうじゅいん》を文治元年（一一八五）に御所の道を挟

図３　鎌倉地図（秋山2010）

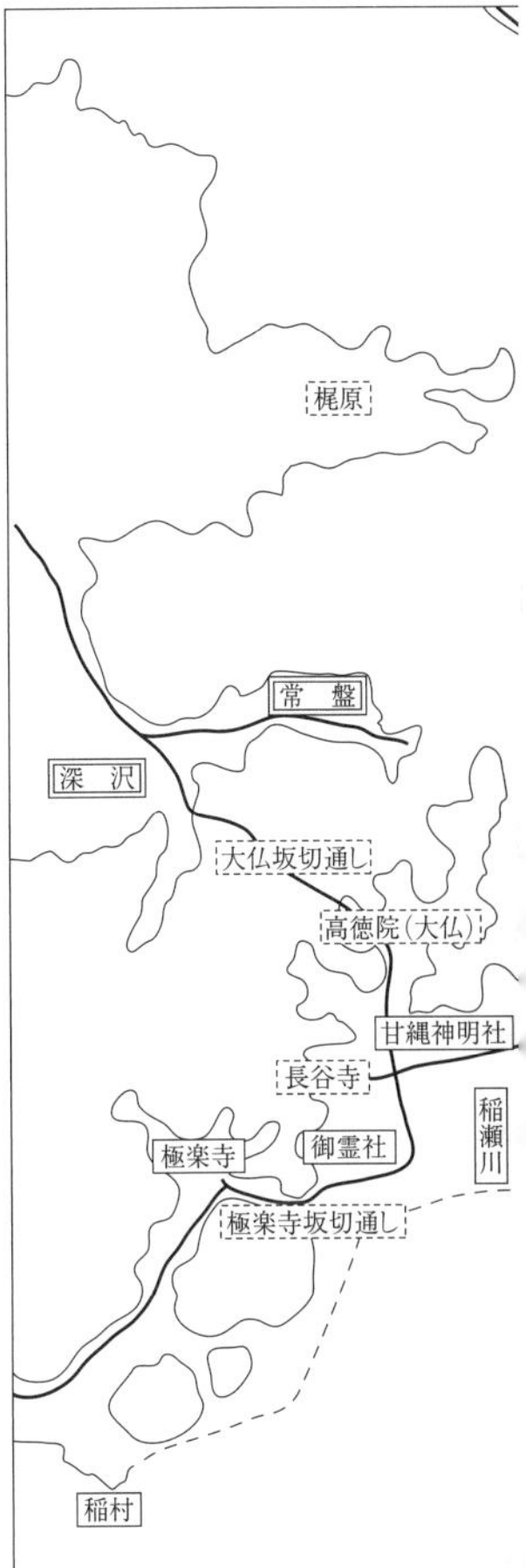


んだ南側に建てているし、源義経《よしつね》や藤原泰衡《やすひら》ら奥州合戦の戦死者の菩提を弔うために建久三年（一一九二）には永福寺《ようふくじ》を建立しているが（『吾』同年一一月二五日条）、これは御所の東側の谷にあった。

これら鎌倉初期に建築されていた寺社を並べてみると、現在の鶴岡八幡宮の門前を東西に走る六浦《むつら》道に沿っていることがわかる（図3参照）。

以前は八幡宮の参道である若宮大路をメインストリートに、整然とした碁盤目状の都市計画が行われていたと考えられてきたが、当時の若宮大路は低湿地帯で、かつ発掘の成果からも大路に直行するような碁盤目状の遺構は確認できないという。すなわち、初期鎌倉のメインストリートは六浦道であったのであり、若宮大路に沿って整然と並ぶ町並みを想定することはできないのである（以上、秋山二〇一〇による）。

# 承久の乱後の変容

**宇都宮辻子御所への移転**　都市鎌倉は承久の乱後に大きな変容をみせる（松尾一九九二）。その契機になったのは、嘉禄元年（一二二五）に御所がそれまでの大倉から宇都宮辻子《ずし》に移転したことである。『吾妻鏡』同年一〇月四日条には、

相州・武州、人々を相具《あいぐ》して、宇都宮辻子幷びに若宮大路らを巡検せしめて、始めて丈尺《じょうしゃく》を打たる。

と記されている。この短い記事から次の二点が注目される。

第一は初めて「丈尺」が打たれた、という点である。「丈尺」とは平安京や奈良で採用されていた宅地用の丈量制であると考えられるから、この時、鎌倉で初めて都市的な計測

が実施されたことになる。本格的な都市計画の始まりである。

第二は、その計測の対象として移転先の宇都宮辻子だけでなく若宮大路が上げられているることである。この宇都宮辻子御所は東側を小町大路、西側を若宮大路によって区画された一角に建設されたから、当然といえば当然だが、その御所の新営に際して若宮大路が基準になっていることは注目しなければならない。「初期鎌倉のメインストリート」で指摘したように、初期の鎌倉は若宮大路を基準にしていなかったが、この宇都宮辻子御所の建設では明らかに若宮大路が基準になったのである。これは若宮大路をメインストリートとした都市鎌倉建設の始まりも意味していた。

そして、これは確実な証拠はないが、後に「鎌倉都市法の制定」で紹介する鎌倉市中の行政区画であった「保《ほう》」もまた、この時の都市計画に伴って施行されたのではないかと考えられる。

「保」の初見は、僧徒が裹頭《かとう》（僧侶用の覆面の一種）のまま鎌倉中を横行することや、魚鳥を喰らい、女人を招き寄せたりする念仏者の取り締まりを「保々奉行人」に命じた文暦二年（一二三五）七月一四日付の「追加法」第七四・七五条であるが（『中世法制史料集第一巻　鎌倉幕府法』）、これ以前に保や保奉行人の設置に関する政策などを確認することができないから、嘉禄元年の宇都宮辻子御所の建設とそれに伴う都市作りが保設置の契機になったと考えることができよう（網野一九七六）。

**七瀬の祓と四角四境祭**

都市構造とはやや異なるが、鎌倉において七瀬《ななせ》の祓《はら》いと四角四《しかくし》境祭《きょうさい》が挙行されるようになった時期にも注目したい。

七瀬の祓いとは平安京で行われた陰陽道《おんみょうどう》の行事で、天皇や貴族が息災や無病を願って、賀茂川の川合・一条・土御門《つちみかど》・近衛《このえ》・中御門《なかみかど》・大炊御門《おおいみかど》・二条各大路末の七ヵ所の瀬において、罪や穢れをつけた人形（なでもの）を水に流した祓えの行事である。一一世紀ごろには、松崎や大井川ら洛外の七瀬でも行われるようになった。

四角四境祭も疫神《えきしん》などの内裏・京中への侵入を防ぐために行った陰陽道の祭祀である。四角とは宮城の四隅、四境は山城《やましろ》国の四つの国境——和邇《わに》（または龍華《りゅうげ》）・逢坂《おうさか》・大枝《おおえ》・山崎のことで、疫病などが流行した際、これらの場所で疫神を追放する祭礼が行われた。

このように、この平安京で天皇や貴族の無病息災や除穢、さらに宮城・京中からの疫神の排除のために行われていた陰陽道の行事が、鎌倉においても将軍のために行われるようになったのである（伊藤一九八八）。武家政権の首都としての自己認識の表れと評価することができよう。

では、それらが挙行されるようになったのはいつであろうか。七瀬の祓は『吾妻鏡』承久元年（一二一九）七月二六日条に確認できるが、貞応三年（一二二四）六月六日に、

災旱《さいかん》旬に渉る、仍って今日祈雨のために、霊所に七瀬の御祓を行わる。（略）此の御祓は、関東に今度始め也。

と記されているのが注目される（『吾』同日条）。『吾妻鏡』の認識では災旱を防ぐための祈雨を修した貞応三年の祓が鎌倉における七瀬の祓の初度だったのである。この時の霊所七瀬は由比浜（現鎌倉市南部の海岸線）、金洗沢池（現鎌倉市七里ヶ浜一帯）、固瀬河《かたせ》（現藤沢市の片瀬川）、六連（浦）（現横浜市金沢区）、独河《いたちがわ》（現横浜市戸塚区小菅ケ谷町の河川）、杜戸《もりと》（現葉山町堀内付近）、江島龍穴（現江ノ島）であった。都市鎌倉を大きく囲む境界で行われたことがわかる。

一方、四角四境祭はいつであろうか。『吾妻鏡』によれば、元仁元年（一二二四）一二月二六日が初見である（一一月二〇日改元）。七瀬の祓と同年であったことがまず注目される。そこには次のように記されている。

此の間、疫癘《えきれい》流布す、武州、殊に驚かしめ給うの処、四角四境の鬼気祭《きけのまつり》を行われ、治対すべきの由、陰陽権助国道これを申し行う。

そして、四境に指定されたのは、東―六浦、南―小壺、西―稲村、北―山内《やまのうち》の四ヵ所であった（図4）。疫病の流布を抑えるために鎌倉の四境で鬼気祭を挙行する。まさに平安京の四角四境祭と同じ構造である。この鎌倉を平安京になぞらえようとする強い意志を読み取ることは可能であろう。

伊藤喜良氏は、これら陰陽道に基づいた二つの行事について「朝廷が内裏・平安京を中心に行った同心円的な祓とまったく同じで」あることを指摘した上で、

鎌倉においても将軍御所を中心として鎌倉の境界地で陰陽道の祓や祭を修して穢（や疫神―木村追加）を追放し、市中の清浄をはかったとみなされよう。

と評価している（伊藤一九八八）のはまったく正鵠を射た評価である。

この二つの祭祀によって、政治的・軍事的にすでに独自の権力であった鎌倉幕府が、イデオロギー的にも精神的にも朝廷から自立した権力として確立したということができよう。また、この二つの行事によって、都市鎌倉の境界が画定したことも重要である。二つの地点は微妙に違っているものの、四角四境祭で画定された六浦―小壺―稲村―山内は南を海で、それ以外の三方を丘陵によって囲まれた鎌倉の境界を、地形とも合致してみごとに表現している。

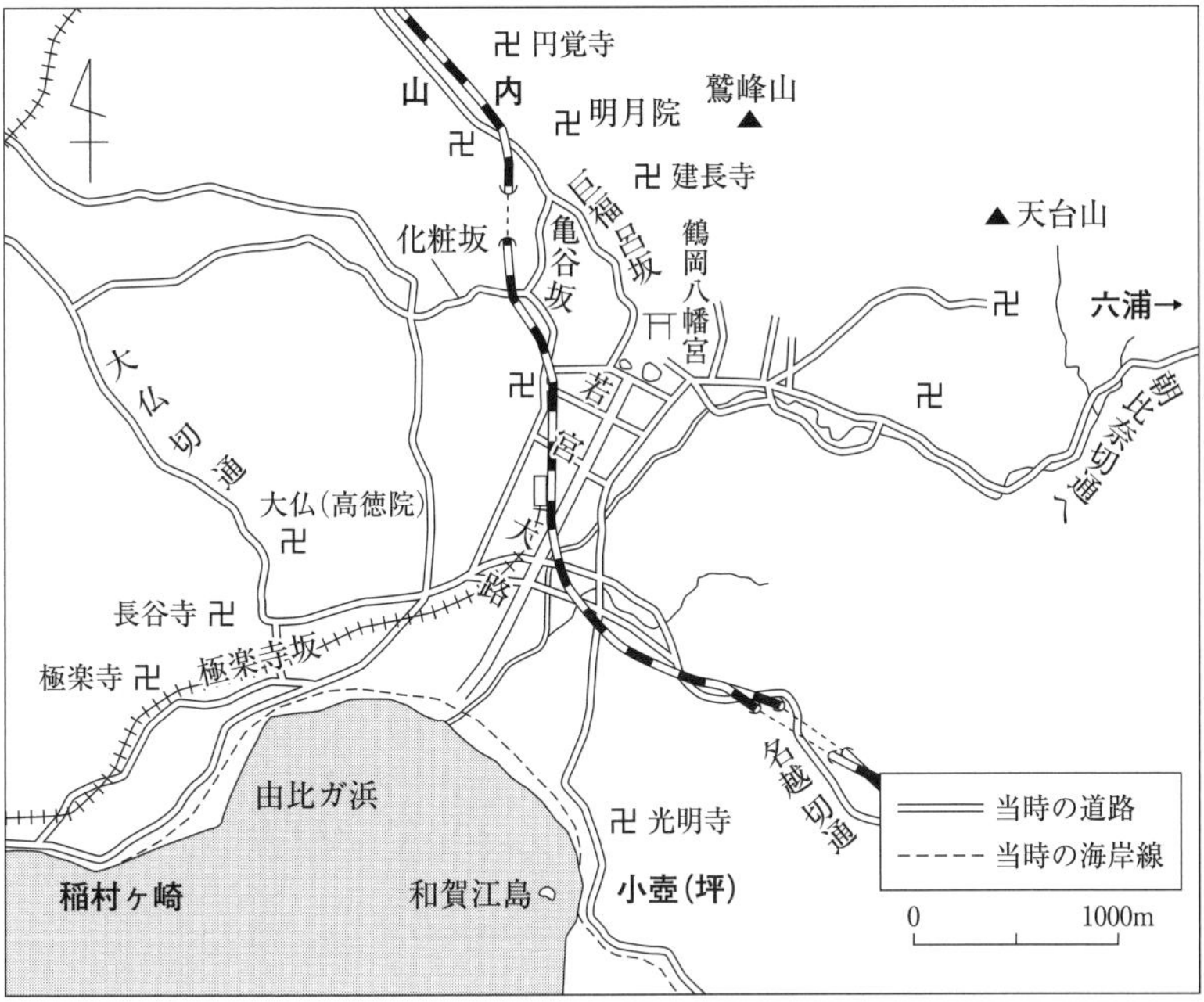
円覚寺
山内
明月院
鷲峰山
建長寺
巨福呂坂
亀谷坂
化粧坂
天台山
鶴岡八幡宮
六浦→
大仏切通
若宮大路
朝比奈切通へ
大仏(高徳院)
長谷寺
極楽寺
極楽寺坂
名越切通
由比ガ浜
光明寺
稲村ヶ崎
和賀江島
小壺(坪)
当時の道路
当時の海岸線
0
1000m

図4　鎌倉の四境

このような鎌倉幕府の性格にとっても、都市鎌倉の境界を画定した二つの祭祀が貞応三年（元仁元）に同時に挙行されているのも興味深い。それを挙行した要因の一つとして、同年六月に、それまで六波羅探題《ろくはらたんだい》であった北条泰時《やすとき》が執権に就任したことがあげられるかもしれない（『吾』同年六月二八日条）。承久の乱（承久三年〈一二二一〉）に勝利し、幕府優位の中で初代の六波羅探題を務めて、朝廷の儀式や祭祀を見、経験してきた泰時が幕府のイデオロギー的・精神的自立を確固たるものにするため、朝廷に倣って挙行したとも考えられよう。先の四角四境祭の記事に「武州（泰時）、殊に驚かせしめ給う」とあったのも象徴的である。

# 首都鎌倉の確立

建築物との関連では、鎌倉の寺院の建立時期が気にかかる。主な寺院の建立時期を整理すると表1のようになる。

## 主な寺院と切通し

先述したように、勝長寿院や永福寺など一二世紀末に建立された寺院もあるが、主要な寺院の建立時期は意外に遅く、一三世紀中ごろ以降であったことが理解できよう。

表1　鎌倉市内の主な寺院の建立年代

| | | | |
|---|---|---|---|
| 建長寺 | 一二五三年（建長五） | 円覚寺 | 一二八二年（弘安五） |
| 高徳院 | 一二四三年（寛元元）—木造製大仏 | 極楽寺 | 一二六七年（文永四）—整備 |
| | 一二五二年（建長四）—金銅製大仏 | | |

図5　化粧坂切通し

次に都市鎌倉を考える上で欠かすことができない「切通《きりどお》し」についてである。「切通し」とは、丘陵部を開削して道として利用した施設をいうが、鎌倉には俗に「鎌倉七口」と呼ばれた切通しがあった。巨福呂坂《こぶくろざか》、化粧坂《けわいざか》、大仏坂、極楽寺坂《ごくらくじざか》、名越《なごし》、釈迦堂《しゃかどう》、朝比奈《あさひな》の切通しが知られている（図3・4・5参照）。これらの開削時期については不明な点が多いが、現在わかっているものを紹介すると、鎌倉北西の山内《やまのうち》から鎌倉に入る巨福呂坂は仁治元年（一二四〇）、鎌倉から外港《がいこう》六浦に至る朝比奈の切通し（六浦道）は仁治二年、海岸線を通って西から鎌倉に入る極楽寺坂口は文永四年（一二六七）ごろという。これも西から入る大仏坂口は、大仏の建立が前述のように寛元元年（一二四三）から建長四年（一二五二）にかけてであるから、このころには開削されていたであろう。

早くは建久五年（一一九四）に、鎌倉中の道路の建設と整備が梶原景時《かじわらかげとき》に命じられているが（『吾』同年四月一〇日条）、鎌倉の内と外を繋ぐ切通しの開削時期を考えると、都市鎌倉の交通事情が整備されるのは一二四〇年代を待たなければならなかったのではないだろうか。

## 鎌倉都市法の制定

都市鎌倉の確立を考える材料としてもう一つ紹介しておこう。それは鎌倉市中に関する「都市法」についてである。周知のように、鎌倉幕府の基本法は「御成敗式目《ごせいばいしきもく》」五一ヵ条であるが（『中世法制史料集　第一巻　鎌倉幕府法』）、ここには都市法は規定されていない。鎌倉に関する都市法がみえるのは「御成敗式目」を補足し、その時々の必要に応じて発布された「追加法」である。その早い例は延応二年（一二四〇）で、「鎌倉中保々奉行、存知すべき条々」として「盗人の事」「旅人の事」など八ヵ条が列記されている（「追加法」第一一二二～一一二九条）。

鎌倉中保々奉行、存知すべき条々

一　盗人の事

一　旅人の事

一　辻捕の事

一　悪党の事
一　下々辻々売買の事
一　小路《こうじ》を狭く成すの事
一　辻々盲法師幷びに辻相撲の事
一　押買の事
右条々、此の旨を存知し、奉行の保々を警固せしむべき也、更に緩怠あるべからずの状、仰せに依って下知件の如し、
延応二年二月二日
前武蔵守

項目が列記されているだけなので内容の詳細は不明だが、保という行政区画が存在したことと、それを管轄する奉行が置かれていたことは注目される。また、第一二七条の「小路を狭く成すの事」というのは、小路を狭めて家屋にしたり店棚《みせだな》にしたりしている状況が想定され、都市ならではの事態が進行していることが読み取れる。

次の都市法は寛元三年（一二四五）で、同じく「保司《ほじ》奉行人、存知すべき条々」として「五箇条」が上げられている（「追加法」第二四五〜二四九条）。詳細は述べないが、「宅の

檐《ひさし》を路に差し出す事」「町屋を作り漸々《ぜんぜん》路を狭くする事」などのように、より具体的な規制が取られていることがわかる。

最後にもう一つ紹介しよう。それは建長三年（一二五一）の都市法である（「追加法」第二七二条）。そこには次のように記されている。

鎌倉中小町屋の事、定め置かる処々

大町　小町　米町　亀谷《かめがやつ》辻　和賀《わか》江《え》　大倉辻　気和飛坂上（化粧）

牛を小路に繋ぐべからざる事

小路を掃除致すべき事

建長三年十二月三日

鎌倉中の小町屋《こまちや》として「大町」「小町」「米町」など七ヵ所が具体的に「定め置」かれているのが興味深い。このころまでにはこのような町屋が成立し、都市としての様相が形作られていたのである。また、物資を運ぶための牛の規制をしたり、さらには人とモノの流入に伴ってゴミが目立つようになったため小路の掃除が命じられているのも、鎌倉の都市としての繁栄を示しているといえよう。

やや詳しく紹介したが、鎌倉に関する都市法が現れてくるのは一二四〇年代であることは理解できよう。都市法が確認できないからといって都市が整備されていなかったことにはならないが、やはりそれが登場してくるのが一二四〇年代であったことは注目しなければならない。なぜなら前述のように「切通し」の開削も一二四〇年代になってからであったし、主要な寺院が建築されるのもそれ以後だったからである。

都市鎌倉と外部との通交がスムーズになり、保や町という行政区画・生活空間が形成され、さらにそれを取り囲むように大寺院が建設されて、鎌倉が都市としての本格的な活況を示すようになるのは、一二四〇年代前後であったと評価することはそれほど間違っていないのではないだろうか。

## 都市鎌倉形成の諸段階

以上、初期の鎌倉の情景から始まって、主な寺院の創建時期、都市法の成立時期、さらに都市の祭祀などについて概観してきたが、これらをもとに都市鎌倉の形成段階をまとめると以下のようになろう（秋山二〇一四）。

第一の画期は当然治承四年（一一八〇）の頼朝の鎌倉入りである。これによって武家政権の首都鎌倉の建設が始まった。しかし、建久二年（一一九一）の鎌倉大火などもあって建設は思うように進まず、この時期の鎌倉は鶴岡八幡宮の門前を東西に走る六浦道をメインルートにするにすぎなかった。

第二の画期は承久の乱である。朝廷方に勝利し、まさに武家政権の中心となった鎌倉に、多くの御家人や僧侶、そして彼らの生活を支える多くの商人や手工業者が移り住んだことは容易に想定できる。このような都市としての成熟に伴った疫病や穢れや災いの流行を除去するために、先の二つの祭祀——七瀬の祓いと四角四境祭——が持ち込まれたということもできよう。

第三の画期は一三世紀のなかごろである。これは主要寺院の建立、切通しの開削、都市法の制定などで縷々述べてきたところなので繰り返さない。ただ、建長五年（一二五三）、山内《やまのうち》に建長寺《けんちょうじ》が蘭渓道隆《らんけいどうりゅう》によって開山され、以後ここを拠点に、禅宗文化が花開いていったことも都市鎌倉の発展にとって重要なことであった。この時期に都市鎌倉の全盛期を置くこともできよう。

## 北奥羽と北海道

以上のように、都市鎌倉の確立が一二四〇年代であり、その初期は流通経済の中心としての位置を十分担っていなかったとするならば、一二世紀の東国社会における物流の中心としての役割を担ったのは、奥州藤原氏の本拠地平泉《ひらいずみ》である。

### 北奥の防禦性村落

周知のように平泉には中尊寺《ちゅうそんじ》・毛越寺《もうつうじ》をはじめとする大寺院が存在し、内面全体を金箔と繊細な螺鈿《らでん》で荘厳《しょうごん》した金色堂《こんじきどう》が象徴的に示すように、金を中心とした膨大な富の蓄積はよく知られている。それだけでなく、最盛期の中尊寺には寺塔四十余宇、禅坊三百余宇、毛越寺には寺塔四十余宇、禅房五百余宇が存在したといわれることだけからも、その巨大さを知ることができよう（『吾』文治五年九月一七日条）。

以下、斉藤利男氏の最近の仕事『平泉　北方王国の夢』（二〇一四年）に全面的に依拠して、巨大都市平泉の実像と富の蓄積の実態について確認しておきたい。

その一つが一一世紀前半から一二世紀初頭まで存続した防御《ぼうぎょ》性村落である。青森県の太平洋側沿岸から津軽湾一帯に存在する大規模な防御性村落は、一〇世紀半ばに姿を現し一

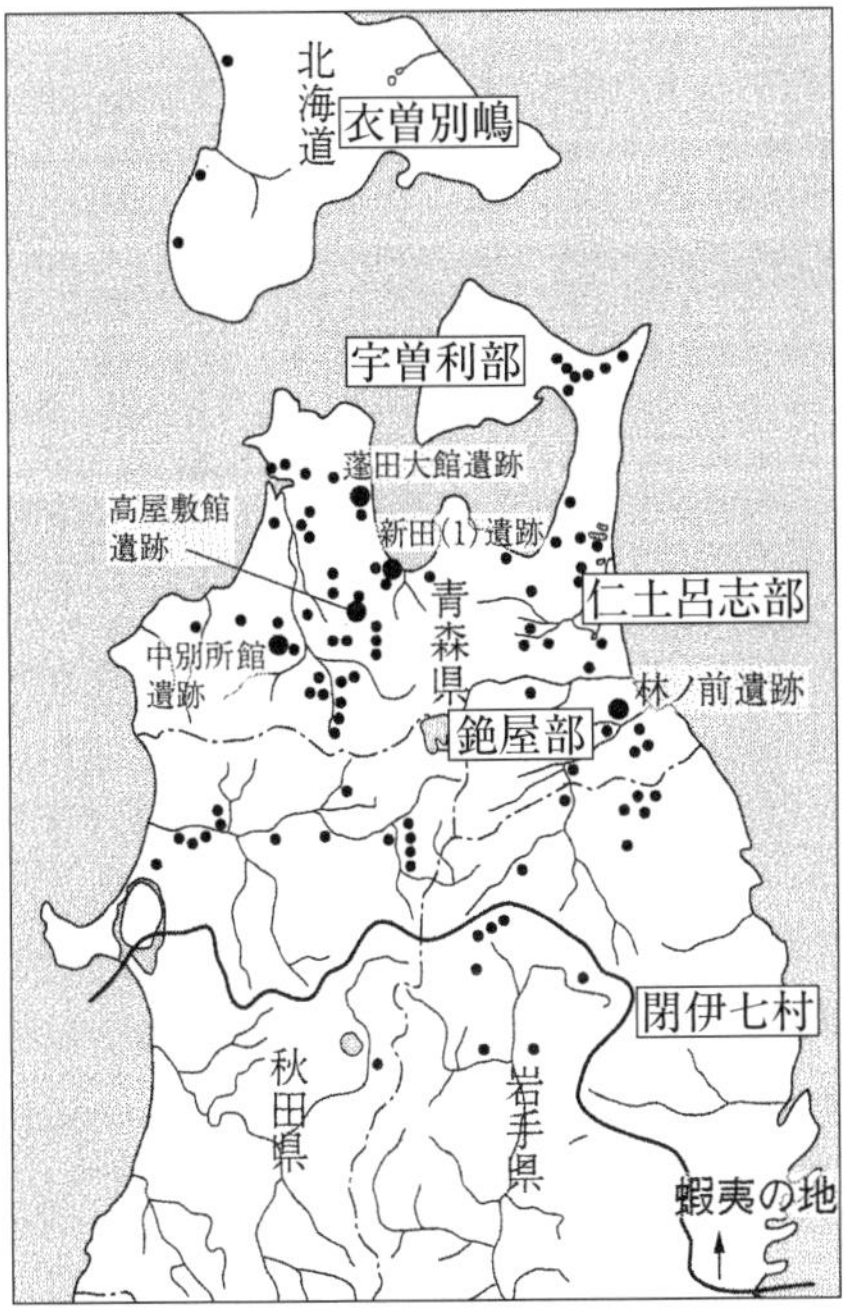


図６　北の防御性集落遺跡（斉藤2014）

二世紀初頭には終末を迎える。一〇～五〇メートル前後の丘陵部に造られ、周囲に壕と土塁をめぐらして、内部には一時期に二〇～五〇軒の竪穴《たてあな》住居があったと推定されている。

分布の範囲はほぼ北緯四〇度ラインの盛岡―秋田を結ぶ線より北部を中心に、北海道の渡島《おしま》半島南部まで及ぶが、北海道の場合は小規模で散在的であるという（図6）。現在確認できる防御性集落遺跡は約一〇〇ヵ所くらいであるが実際はその数倍にのぼると考えられている。

後述するが、出土する遺物の多さなどから判断して、太平洋を利用した北海道との交流・交易がすでに行われていたと評価されている。この時期に、北海道からの「富」がもたらされたことを示す具体的な史料はないが、出土遺物が同時期の安倍《あべ》氏、清原《きよはら》氏の城《じょう》柵《さく》遺跡から出土する遺物に匹敵する内容であることなどから考えて、十分想定できるという。

## 代表的な防禦性村落

八戸《はちのへ》市林《はやし》ノ前《まえ》遺跡は八戸駅から北方に約一・五キロの、標高一二～四六メートルの丘陵上に造られており、長径三五〇メートル以上、総面積一〇万平方メートルを超える大規模防禦性村落である。発掘調査によれば、丘陵の頂部に空堀《からぼり》で囲まれた三〇メートル×八〇メートル規模の首長居住区があり、その北東側斜面の三～四段のひな壇状平地には多数の竪穴住居群が存在した。住居跡の総数は五〇〇～六〇〇を数え、同時期には少なくとも五〇～六〇軒存在し、人口は三〇〇人を超えると推定されている。

この遺跡からは、一般の集落遺跡とは異なる遺物が大量に出土した。たとえば、安倍氏や清原氏の城柵遺跡から出土するのと同じ土器供膳具《きょうぜんぐ》である土師質《はじしつ》土器や、さまざまな灰釉《かいゆう》陶器、銀メッキされた刀装具、金・銀・銅が付着した坩堝《るつぼ》、大量の馬骨や轡《くつわ》・鏡板《かがみいた》などの鉄製馬具などである。斉藤氏は「この集落が馬淵川《まべちがわ》下流域を中心とする八戸地方に君臨し、多くのムラを束ねるとともに、馬（糠部《ぬかのぶ》の駿馬《しゅんめ》─木村注）の生産を担って強大な勢力を形成した有力首長の本拠地であったことは確実である」と評価している。

もう一つ紹介すると、青森県蓬田《よもぎだ》村の蓬田大館《よもぎだおおだて》遺跡は、標高一五～一七㍍、比高差約五㍍の低い台地上にひろがる遺跡で、長径約四〇〇㍍、短径一〇〇～一五〇㍍の区域を幅六～九㍍の環濠で囲み、その内部には幅七㍍、深さ二・五㍍の環濠で囲んだ首長居住区（七〇×八〇㍍）を設けた大規模集落遺跡である。発掘調査では、大量の北海道式土器＝擦《さつ》文《もん》土器を出土した。

同じく斉藤氏は「外《そと》ノ浜《はま》地域のムラ連合の盟主で、津軽海峡から北海道道央・道東にわたる太平洋交易ルートに深く関わった、有力首長の本拠地と推測される」と評価している。

**交易の拠点 北海道厚真**

時代はやや新しくなるが、この「太平洋交易ルート」を証明する遺跡が北海道苫小牧市《とまこまい》と千歳市《ちとせ》の東方に所在する勇払郡《ゆうふつ》厚真町《あつま》で発見された。二〇一一年に厚真町宇隆《うりゆう》1遺跡で出土した陶器の壺が、平泉を経由して持ち込まれた一二世紀第3四半期（一一五一〜七五年、常滑編年第二期）の常滑窯《とこなめよう》の壺であったことが判明したのである。そして、これは、この地に居住していた平泉政権の和人によってつくられた経塚《きょうづか》の外容器（経典を納めた経筒を保護するための容器）の可能性が高いと判断されたのである。

このように評価されたのは、次のような理由からである。まず、出土した場所が南に突きだした細長い台地の先端部で、本土の経塚の出土地形から考えて、経塚にふさわしいこと。仏教信仰に基づく経塚の造成はアイヌ社会にはないので、和人が築造したとしか考えられないこと。最後に一二世紀における常滑窯陶器の消費は平泉政権の独占状態であったこと。

経塚の造営は、寛弘四年（一〇〇七）に藤原道長《みちなが》が大和国金峯山《きんぷせん》に造立したことを嚆矢《こうし》とするが、一一世紀後半から一三世紀にかけて全国的に広がった。平泉でも初代清衡《きよひら》が晩年に都市平泉のシンボルである金鶏山《きんけいさん》に金鶏山経塚を造立して以後、四代にわたって数多くの経塚が営まれた。代表的なものを挙げると、鳥屋崎《とりやさき》経塚、鏡山《かがみやま》経塚、鐘ケ岳経塚、峯薬師堂《みねやくしどう》経塚などである。

　このような平泉における経塚造営の文化を享受した人物が常滑の壺をもって厚真に移住し、なんらかの理由で経塚を造立しようと思い立った時、その壺が経筒の外容器として利用されたに違いない。「今回の厚真の経塚の発見は、奥州藤原氏が一二世紀半ば、平泉政権のスタッフや平泉の僧侶をこの地に送り込み、アイヌと和人が共存する世界をつくっていた事実を、明らかにするものであった。

図7　宇隆1遺跡出土常滑壺（厚真町教育委員会所蔵，佐藤雅彦撮影）

そして平泉政権の蝦夷ケ島交易とは、厚真を頂点に、道央・道南の交易ネットワークの重要拠点に交易拠点を形成し、それと本州北端の外ノ浜・津軽においた出先機関（略）がリンクすることで成り立っていたことを、推測されるものであった」という斉藤氏の評価もうなずけるものがある。

　たとえば、一一世紀前半に当時の代表的な文人貴族藤原明衡《あきひら》によって著された『新猿楽記《しんさるがくき》』

には、主人公右衛門尉《うえもんのじょう》の八男「八郎の真人」は「東は俘囚《ふしゅう》の地に臻《いた》り、西は貴賀《きかい》が嶋に渡る」と表された「商人の主領なり」であったが、彼が扱う「本朝の物」のなかに「鷲羽《わしのは》」が含まれていた（「東洋文庫」）。本書が「往来物《おうらいもの》」といわれる貴族層の初級教科書であったことを考えると、北方の産物である鷲の羽もすでに貴族社会においてはよく知られており、それは右記のような「太平洋交易ルート」を通じて、平泉を経由して平安京にもたらされたのであろう。

## 大平泉の構造

### 衣川遺跡群

二〇〇〇年代に入り、中尊寺、毛越寺、柳之御所《やなぎのごしょ》などの地域の周辺でも、都市平泉を構成する遺跡群が相次いで発見された。それが、衣川《ころもがわ》遺跡群、白鳥舘《しろとりたて》遺跡群、祇園湊《ぎおんみなと》と本町湊《ほんまちみなと》遺跡である。これら平泉中心地区を取り囲んだ遺跡群を、斉藤氏は「大平泉」と称している。それぞれの遺跡群を簡潔に紹介しよう（図8参照）。

まず、衣川遺跡群であるが、これは中尊寺が建つ関山《かんざん》丘陵の北側を流れる衣川の北岸から発見された遺跡群で、一二世紀代の大規模な都市集落遺跡としての様相をもっている。遺跡は次の三地区・四遺跡から構成されているが、これらに、一一世紀前半期（安倍氏時代）の寺院跡で、官寺的性格をもった寺院である長者《ちょうじゃ》ケ《が》原廃寺《はらはいじ》跡を加えて、衣川遺跡群

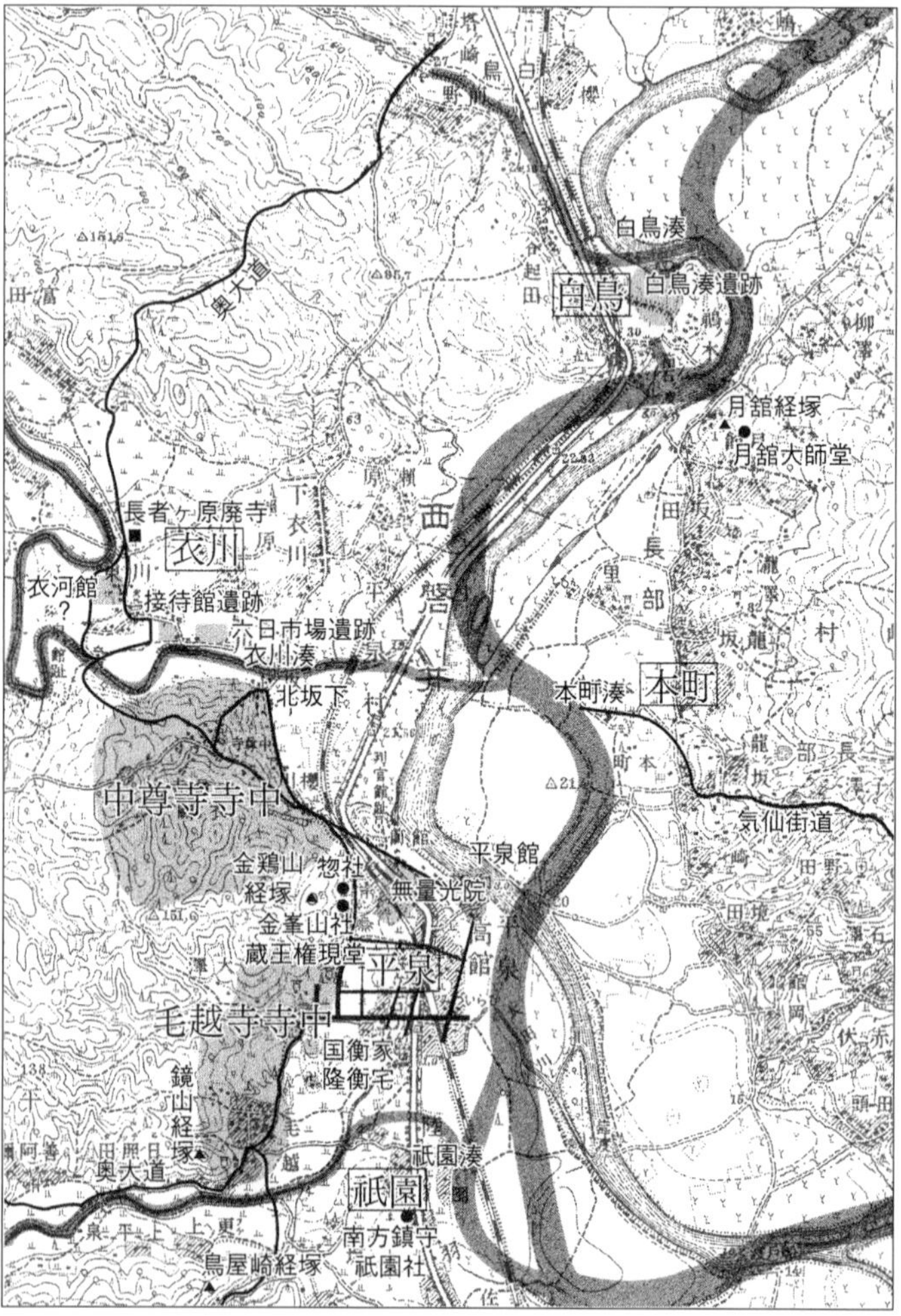


図８　「大平泉」復元図（斉藤2014）

と称している。三地区・四遺跡は次のような内容である。
①接待館《せったいだて》遺跡：衣川から約六メートル高い台地上に営まれた居館跡で、東西一二〇メートル、南北六五メートル（南が衣川によって浸食されている）に及び、周囲を幅八～九メートル、深さ二メートルの空堀と堀の両側の土塁によって囲まれている。遺物としては、渥美《あつみ》・常滑窯《とこなめよう》の国産陶器、白磁四耳壺《はくじしじこ》、白磁碗などの輸入陶磁器、さらに大量の平泉型手づくねとロクロ製のかわらけが出土しており、柳之御所遺跡に類似した遺跡として注目されている。
②六日市場《むいかいちば》遺跡・細田《ほそた》遺跡：接待館遺跡の東側に広がる河原状の場所で、「六日市場」の地名を有し、衣川遺跡群の東端を区画する二条の大溝や市場集落の町屋を思わせる梁間《はりま》一間の多数の小規模家屋と平泉特有の大型四面庇《しめんびさし》建物跡が発見されている。
③衣《ころも》の関道《せきみち》遺跡：接待館遺跡南西の衣川に面した地で、園池跡とみられる池状、州浜《すはま》状遺構や小規模な掘立柱建物群、手づくねとロクロ製かわらけ、舶載・国産陶磁器の優品が出土している。

なかでも注目されるのは①の接待館遺跡で、宴会儀礼に用いる手づくね、ロクロ製かわらけが大量に使用され、かつそれらが中央の内部区画を囲む堀のなかに数度に分けて一括廃棄されていたことが判明したからである。平泉中心部でもかわらけの一括廃棄が確認できるのは柳之御所遺跡だけであって、これからの接待館遺跡が「都市平泉」と共通の特徴をもち、密接な関係があった遺跡であることがわかる。

さらに②の六日市場遺跡でも、少量だが一二世紀第1四半期（清衡期）にさかのぼる宴会用の供膳具《きょうぜんぐ》（土師質土器）が出土しており、接待館遺跡でも同じ時期の土師質や前述のように一一〜一二世紀前半期の白磁碗、白磁四耳壺が出土している。中尊寺と柳之御所以外でほとんどみつからない清衡時代の遺物が出土することは、衣川地区が一二世紀初めから都市平泉の一部をなす、都市平泉のもう一つの中心地区であったことを物語っている。

## 白鳥舘遺跡

「大平泉」の存在をいっそう明確にしたのは、白鳥舘遺跡の発見である（図8・9）。白鳥舘遺跡は、柳之御所遺跡の北東三・七キロの地点で、北上川が北上盆地から盆地の南端の狭窄部を抜けて、平泉・衣川の盆地に入る場所に位置する。この狭窄部に半島状に張り出した、北上川との比高差一三〜二七メートルの台地状に造られたのが白鳥舘であった。城館が営まれたのは一四世紀半ば〜一五世紀であるが、一〇〜一一世紀の遺物も出土することなどから、安倍氏、奥州藤原氏の時代から「川の関所」のような施設が置かれていたのではないかと推測されていた。

そうすると、二〇〇八年、一二世紀の大規模遺跡が城館跡の南西に広がる低地から発見

図9　白鳥舘遺跡（奥州市教育委員会提供）

されたのである。遺跡の規模は、現在確認されている範囲で東西一五〇メートル、南北二三〇メートルでさらに広がると考えられている。遺構、遺物の紹介は避けるが、かわらけ窯、鍛《か》冶《じ》炉《ろ》跡、さらにふいごの羽《は》口《ぐち》、砥《と》石《いし》、鉄塊・銅塊、水晶製の数《ず》珠《じゅ》玉などが発見されたことから、都市平泉における最初の本格的な手工業生産の拠点であり、工房を伴った北上川の川湊遺跡の可能性が高いと判断された。さらにその後、倉庫跡と考えられる遺構や道路跡も発見され、「白鳥湊遺跡」と呼ぶにふさわしい遺跡といわれている。

また、北上川と白鳥川の合流地点の南にある白鳥舘北端の断崖の下は、近世以降「蛇の鼻」と呼ばれた舟運の難所であったことから、白鳥湊とは、この難所を避け北方からの物資を陸揚げして、平泉・衣川方面へ安全に陸送する拠点として設けられたものと考えられている。白鳥舘遺跡は都市平泉・衣川地区と密接に関係し、かつ都市を維持していく上で不可欠の遺跡であったのである。

## 祇園湊と本町湊

祇園湊遺跡は、平泉の中心市街から南に六〇〇メートルにある川湊遺跡で、一関《いちのせき》方面から陸路で平泉に入る入り口であると同時に、北上川河口の石巻《いしのまき》湊を介して太平洋航路と繋がる水運における平泉の南の玄関であった。この地に、平泉の南方鎮守として、平安京の御霊社《ごりょうしゃ》で商業の神様であった祇園社《ぎおんしゃ》が勧請《かんじょう》されたのは象徴的である。この遺跡の調査はまだ部分的だが、一二世紀の大型四面庇の建物が数棟みつかっており、湊の管理施設の可能性も指摘されている。

また、本町湊遺跡は、柳之御所遺跡から北東約一・五キロにある川湊遺跡で、気仙《けせん》街道の起点かつ終点であるとともに、太平洋路のもう一つの玄関口気仙湊とを繋ぐ湊でもあった。この遺跡では墓堂と大規模な墓域が発見され、高級品である舶載の陶磁器や渥美・常滑窯の陶器が意図的に破壊されて埋納されていることから、支配層によって営まれた都市平泉に付属する墓域ではないかといわれている。

以上、斉藤氏の仕事に依拠して、氏のいう「大平泉」の実相を概観した。これまで、中尊寺・毛越寺・柳之御所などを対象に語られることが多かった都市平泉が、より広域な領域とそれを支える構造を兼ね備えていたことを実感することができたのではないだろうか。

そしてさらに、この「大平泉」の北方には、前述のように、北奥羽・北海道が広がっていたのである。平泉政権の支配領域・通交領域の大きさは目を瞠るものがある。実は、この事実の「発見」が本書をまとめるうえで大きな刺激となった。斉藤氏に感謝したい。

# 平泉の「富の三点セット」

## 「寺塔已下注文」の語る平泉の富

都市平泉の巨大な規模と構造を直接物語っているのが、文治五年（一一八九）九月、平泉滅亡直後、中尊寺の衆徒らが「清衡《きよひら》已下三代造立堂舎の事」を頼朝に注申した「寺塔已下注文」である（『吾』同年九月一七日条）。ここには「関山《かんざん》中尊寺の事」以下七ヵ条にわたって奥州藤原氏三代が作り上げた都市平泉の様相が詳細に記されている。いくつか紹介すると次のようである。

一　関山中尊寺の事
寺塔四十余宇。禅坊三百余宇なり。
清衡、六郡を管領するの最初にこれを草創す。（略）また寺院の中央に多宝寺《たほうじ》あり。

釈迦・多宝像を左右に安置す。（略）次に釈迦堂に一百余躰の金容《こんよう》を安んず。即ち釈迦像なり。次に両界堂《りょうかいどう》両部の諸尊は皆な木像たり。皆金色《かいこんじき》なり。次に二階大堂。（略）次に金色堂。上下の四壁、内殿皆金色なり。堂内に三壇を構う。悉く螺鈿《らでん》なり。阿弥陀三尊、二天、六地蔵、定朝これを造る。（略）

一　毛越寺の事。

寺塔四十宇。禅房五百余宇なり。

基衡《もとひら》これを建立す。先ず金堂円隆寺と号す。金銀を鏤《ちりば》め、紫檀《したん》・赤木《あかぎ》らを継ぎ、万宝を尽くし、衆色を交う。本仏は薬師丈六、同じき十二神将（略）。講堂、常《じょう》行堂《ぎょうどう》、二階の惣門、鐘楼、経蔵らこれあり。（略）

一　無量光院新御堂と号すの事

秀衡《ひでひら》これを建立す。（略）三重の宝塔、院内の荘厳《しょうごん》、悉く以て宇治の平等院を模すところなり。

（以下略）

中尊寺・毛越寺の寺塔・禅坊の多さにも驚かされるが、金銀や螺鈿を大量に使用して堂内や仏像が荘厳されていることがわかる。また、秀衡の建てた無量光院は、現在は遺構しか残っていないが、摂関家の藤原頼通《よりみち》が建立した宇治の平等院をことごとくまねしたもの

図10　中尊寺金色堂（中尊寺提供）

であったという。

これだけでも奥州平泉に蓄積された富の膨大さを実感できるが、さらに驚かされるのが毛越寺の本尊らを造立した仏師雲慶《うんけい》に対する「功物《こうぶつ》」である。それは以下のように書き上げられている。

> いわゆる円金《えんきん》百両、鷲羽《わしのは》百尻《しり》、七間々中径《ななけんまなかわたり》ノ水豹《あざらし》の皮六十余枚、安達絹《あだちぎぬ》千疋、希婦《けふ》の細布《せばぬの》二千端、糠部《ぬかのぶ》の駿馬《しゅんめ》五十疋、白布三千端、信夫毛地摺《しのぶもじずり》千端らなり、此の外、山海の珍物を副うるなり、三ヵ年の功終うるの程、上下向の夫・課駄、山道・海道の間に、片時も絶ゆることなし、また別禄と称して、生美《すずし》の絹を船三艘に積みて送るのところ、（以下略）

安達絹や信夫毛地摺など南奥（現福島県）の産物に並んで、金・鷲羽・水豹の皮・駿馬という北奥から蝦夷地にかけての産物が大量に記されていることが読み取れよう。南北奥羽全体さらに蝦夷地の産物までもが平泉政権の手中に取り込まれていたのである。なかでも、「功物」の最初に金・鷲羽・水豹の皮が書き上げられていることは、それら北方の産物が価値ある品々であったと認識されていたことを示している。平泉の富の中核は北奥から北海道にかけての産物であったのである。

さらに、これらの功物を運ぶために、仕事が終わる三ヵ年の間、東山道・東海道を行き来する使者や馬が絶えることなかったとも記されている。当然、誇張もあるだろうし、その後に「別禄」と称して運ばれた生美の絹は船＝舟運《しゅううん》を利用して運ばれているから、東山道・東海道だけが利用されたわけではないが、膨大な物流が平泉と京都とのあいだを流れていたことは間違いないであろう。『吾妻鏡』はこの記事の後に、雲慶が戯れに「なお練絹《ねりぎぬ》がほしかった」といったところ、基衡は練絹を船三艘に積んで送ったと記している。平泉の富の豊かさを十二分に物語る逸話である。

## 摂関家領荘園の年貢

このような逸話が逸話でなく本当の話であったことを示す記事が『台記《たいき》』に残されている。一二世紀半ば、摂関家領の陸奥国高鞍《たかくら》荘、本吉《もとよし》荘、出羽国大曽禰《おおそね》荘、屋代《やしろ》荘、遊佐《ゆざ》荘は藤原頼長《よりなが》領となっており、その年貢の納入は奥州藤原氏当主基衡が請け負っていた。頼長が数度にわたり年貢の増額を要求したことが彼の日記である『台記』で確認できるが、当初の年貢を書き上げると表2のようである（仁平三年〈一一五三〉九月一四日条）。

奥羽の摂関家領荘園では布も多いが、金・馬そして鷲羽が年貢に組み込まれていたことをまず確認しておこう。これを増額せよ、というのが頼長の要求であった。その額を整理すると表3のようである。

金では約三・五倍、布では四倍以上であるから、相当大幅な増額要求である。当然、このような要求を認められない基衡は逆提案を試みる。しかし、頼長も引かず、再提案をしてくる。最終的には基衡の逆提案で決着をみたが、頼長がこのような法外な要求をする背

表2　摂関家領奥羽両国の荘園の年貢

| | | | | | |
|---|---|---|---|---|---|
| 高鞍荘 | 金一〇両 | 布二〇〇段 | 細布一〇 | | |
| 本吉荘 | 金一〇両 | | | 馬二頭 | |
| 預所 | 金五両 | | | 馬二頭 | |
| 大曽禰荘 | | 布二〇〇段 | | 馬二頭 | |
| 屋代荘 | | 布一〇〇段 | | 馬二頭 | 漆一斗 |
| 遊佐荘 | 金五両 | | | 尻馬一頭 | 鷲羽三尻 |

表3　藤原頼長の年貢増額案

| | | | | |
|---|---|---|---|---|
| 高鞍荘 | 金五〇両 | 布一〇〇〇段 | 馬三疋 | |
| 本吉荘 | 金五〇両 | 布二〇〇段 | 馬四疋 | |
| 大曽禰荘 | | 布七〇〇段 | 馬二疋 | |
| 屋代荘 | | 布二〇〇段 | 馬三疋 | 漆二斗 |
| 遊佐荘 | 金一〇両 | | 馬二疋 | 鷲羽一〇尻 |

景には、奥州藤原氏による膨大な富の蓄積があったからに他ならない。そして、これらの年貢を藤原基衡が請け負っていたことは、これら金や馬、鷲羽は平泉政権がその多くを独占的に掌握していたことを示している（清水二〇一五など）。「寺塔已下注文」の記載はそれなりに「平泉の富」の実態を反映していたといえよう。

## 廃墟の中の富

もう一つ、都市平泉の富に関するエピソードを紹介しよう。それは、頼朝軍の圧力に負けた泰衡が平泉に火をかけ逐電《ちくでん》してしまった後に、頼朝が平泉に入った時の記事である（『吾』文治五年八月二二日条）。『吾妻鏡』はその時の情景を次のように記している。

主はすでに逐電し、家はまた烟《けぶり》と化す。数町の縁辺、寂寞《じゃくまく》として人なし。累跡の郭内、いよいよ滅びて地あるのみ。ただ颯々《さつさつ》たる秋風、幕に入るの響きを送ると雖も、蕭々《しょうしょう》たる夜雨、窓を打つの声を聞かず。

漢詩文の一節のような描写であるが、これに引き続いて次のような記事を載せている。

坤《ひつじさる》の角に当たりて一宇の倉廩《そうりん》あり。余焔の難を逃る。（略）沈《じん》・紫檀以下の唐木《からき》の厨《ず》子《し》数脚これあり。その内に納むるところは、牛玉《ごおう》、犀角《さいかく》、象牙の笛、水牛の角、紺瑠《こんる》璃《り》等の笏《しゃく》、金の沓《くつ》、玉の幡《ばん》、金の花鬘《けまん》玉を以てこれを餝る、蜀江《しょっこう》の錦の直垂《ひたたれ》、縫わざるの帷《かたびら》、金造りの鶴、銀造りの猫、瑠璃の灯炉、南庭百各金の器に盛るらなり。その外、錦繡綾羅《きんしゅうりょうら》、愚筆に計記すべからざるものか。

焼け残った一つの倉庫をのぞいてみると、沈・紫檀以下唐木で作られた厨子が数脚残っていたので、それを調べると、牛玉、犀の角、象牙の笛、水牛の角、紺瑠璃等の笏などの宝物・珍品がぞくぞくと出てきたというのである。

この倉庫は、「寺塔已下注文」に記された「高屋《たかや》」の一つであると考えられる。「注文」によると、高屋は観自在王院《かんじざいおういん》の南大門門前の南北路にあって、東西数十町に及んで「倉町が造並し、また数十宇の高屋」が建てられていたという。焼け残った一つの倉庫でこれだけの宝物が納められていたのだから、数十宇の高屋にはどれほどの宝物＝富が蓄積されていたか、それこそ「計り記す」ことができないほどであったことは十分推定できる。

## 富の三点セットと頼朝

仏師雲慶の功物のところで指摘したように、金と鷲羽《わしのは》と水豹《あざらし》の皮は奥州藤原氏にとって重要な「富」であった。また、摂関家領荘園の年貢では馬（糠部《ぬかのぶ》の駿馬）もまた重要視されていた。斉藤氏は、これらを総合して、金と馬と鷲羽を「平泉の富の三点セット」と呼んでいる。

この三点セットが明瞭に示されているのは、奥州合戦で平泉政権を滅ぼし、平泉の富を独占することになった源頼朝が朝廷や院に献上した時の品々の内容である。まず、鎌倉に戻った直後、頼朝が朝廷に進上したのは「龍蹄《りゅうてい》（駿馬）百余疋」と「鷲羽一櫃《ひつ》」であった（『吾』文治五年一一月八日条、同六年正月三日条）。また、建久元年（一一九〇）の上洛の際「別進」として後白河法皇に献上したのも「砂金八百両」「鷲羽二櫃」「御馬」であった。『吾妻鏡』建久元年一一月一三日条には次のように記されている。

十三日癸亥、晴る、新大納言家御別進、伊賀前司仲教を以て、御解文《げぶみ》函に入れ、これを封ぜらる戸部に付せらる。戸部また左大丞《さだいじょう》定長に付して奏覧せらると云々、

進上
砂金八百両
鷲羽二櫃
御馬百疋
右、進上件の如し、
建久元年十一月十三日　源頼朝

頼朝が院・朝廷に献上した品物が「平泉の富の三点セット」そのものであったことは明らかであろう。これらの事実をもって、斉藤氏は次のように評価している。

三点セットを都の「治天の君」後白河法皇に進上したことは、鎌倉幕府が平泉政権にかわって奥羽と蝦夷ケ島の支配権を掌握した事実を後白河に示しただけではなく、（中略）それはまた、この北方の三つの産物の産地である北奥羽・蝦夷ケ島＝「俘囚《ふしゅう》の地」「蝦夷の地」を管轄する者こそ、日本国惣守護＝武家の棟梁《とうりょう》にふさわしいという、鎌倉幕府の自己主張の表明でもあった。

「平泉の富」を超えて平泉政権と鎌倉幕府との関係にまで立ち入ってしまったが、平泉政権が掌握していた「富の三点セット」を頼朝がみごとにわが物にし、それを朝廷・院との交渉にこれまたみごとに活用していたことがわかろう。奥州合戦によって、平泉政権を完膚なきまでに壊滅させた頼朝の目的の一つはここにあったということができるのではないだろうか。

## 巨大都市平泉の富と位置

以上、斉藤氏の仕事を頼りに、巨大都市平泉の実相とそこに蓄えられた富がいかに膨大で豊かであったかについて説明した。仏師雲慶への功物や「平泉の富の三点セット」に象徴的なように、その富は単には奥州内部にとどまるものではなく、まさに日本列島を縦断するものであった。巨大都市平泉は一二世紀の日本社会における物流構造の中心であったということができよう。

このような豊かな富を蓄積し始めた時期を確定することはできないが、先に紹介した「寺塔已下注文」を信用するならば、中尊寺・毛越寺を建立する一一世紀末〜一二世紀初頭にはすでに十分蓄積されていたということができよう。

そして、「寺塔已下注文」に記されていたように、これらの富は「山道・海道」＝東山道と東海道を経由して京都に運び込まれたのであった。それ以外にも船＝舟運も用いられたようだが、当時の物流の基幹ルートは奥大道―東山道を利用した平泉と京都（さらには博多まで）との間であったことは間違いないであろう。東海道がどれほど利用されたか不明だが、当然のことながらこの時期に都市鎌倉は成立していなかったのだから、そこが物流の中心になることはなかった。

このように、鎌倉幕府が成立する以前の東国の人と物の移動＝物流の中心は巨大都市平泉であったことは間違いない。したがって、一二世紀、鎌倉幕府成立以前の東国社会を考えるためには巨大都市平泉こそ重要なのであって、頼朝政権はこのような物流の構造に挑戦し、それを武家政権の首都としての鎌倉中心に編成替えしていかなければならなかったのである。「鎌倉ありき」では当該期の東国社会は理解することができないことを確認しておきたい。

# 東山道の政治的位置と矛盾

# 東山道沿いの政治矛盾

## 平将門の乱と奥羽

前章で述べたように、遅くとも一一世紀末〜一二世紀前半の日本列島を縦貫する物流は、博多―京都―平泉というルートで動いていた。そして、まだ都市鎌倉も存在せず、東海道がメインの交通路になっていなかった状況で、その物流を担ったのは奥大道《おくのおおみち》―東山道《とうさんどう》であった。上野《こうずけ》国以西の東山道がどれほど利用されていたかは不明な点が多いが、少なくとも上野国衙《こくが》までは主要な幹線道路であったということはできよう。古代から中世の東国社会においては、この奥大道―東山道の政治的位置の重要性は計り知れない。だからこそ、当該期にこのルートの周辺でさまざまな政治的出来事が起こるのである。

以下、頼朝《よりとも》政権および首都鎌倉が成立する前段階の東山道の政治的位置と、そこに惹起する政治矛盾について概観しておこう。

まず、一〇世紀なかごろの平将門《たいらのまさかど》の乱は筑波山麓で起きた反乱といわれてきたが、最近はいくつかの点で見直しが進んでいる。一つは、彼が坂東を制圧し「新皇《しんのう》」と称したのは上野国衙であったということである（鈴木一九九四、川尻二〇〇七）。いうまでもなく上野国は東山道が碓氷《うすい》関を超えて関東に入って直後の国であり、この東山道は北関東を横断して奥大道に繋がっているし、東山道武蔵道（東山道を南下して武蔵国衙に至る道）との結節点でもあった。すなわち、上野国を掌握することは関東全域を支配下に収めるだけでなく、東北地方を押さえることでもあったのである。

二つ目は、将門が敗北後東北地方を目指していた可能性が指摘されている点である（川尻二〇〇七）。これは、将門の乱を鎮圧した平貞盛《さだもり》とその一族の多くが陸奥守《むつのかみ》を歴任しているという事実によっても補強される（高橋修二〇

表4　平貞盛一族と陸奥守・出羽守（高橋修二〇一〇）

| | | |
|---|---|---|
| 平貞盛 | | 鎮守府将軍・陸奥守 |
| 維叙 | 子 | 陸奥権守　その子、永成―鎮守府将軍 |
| 維敏 | 子 | 陸奥守 |
| 維衡 | 子 | 陸奥守、出羽守 |
| 繁盛 | 弟 | 陸奥守　その子―出羽守 |

図11　河内源氏の諸流（野口二〇〇七）

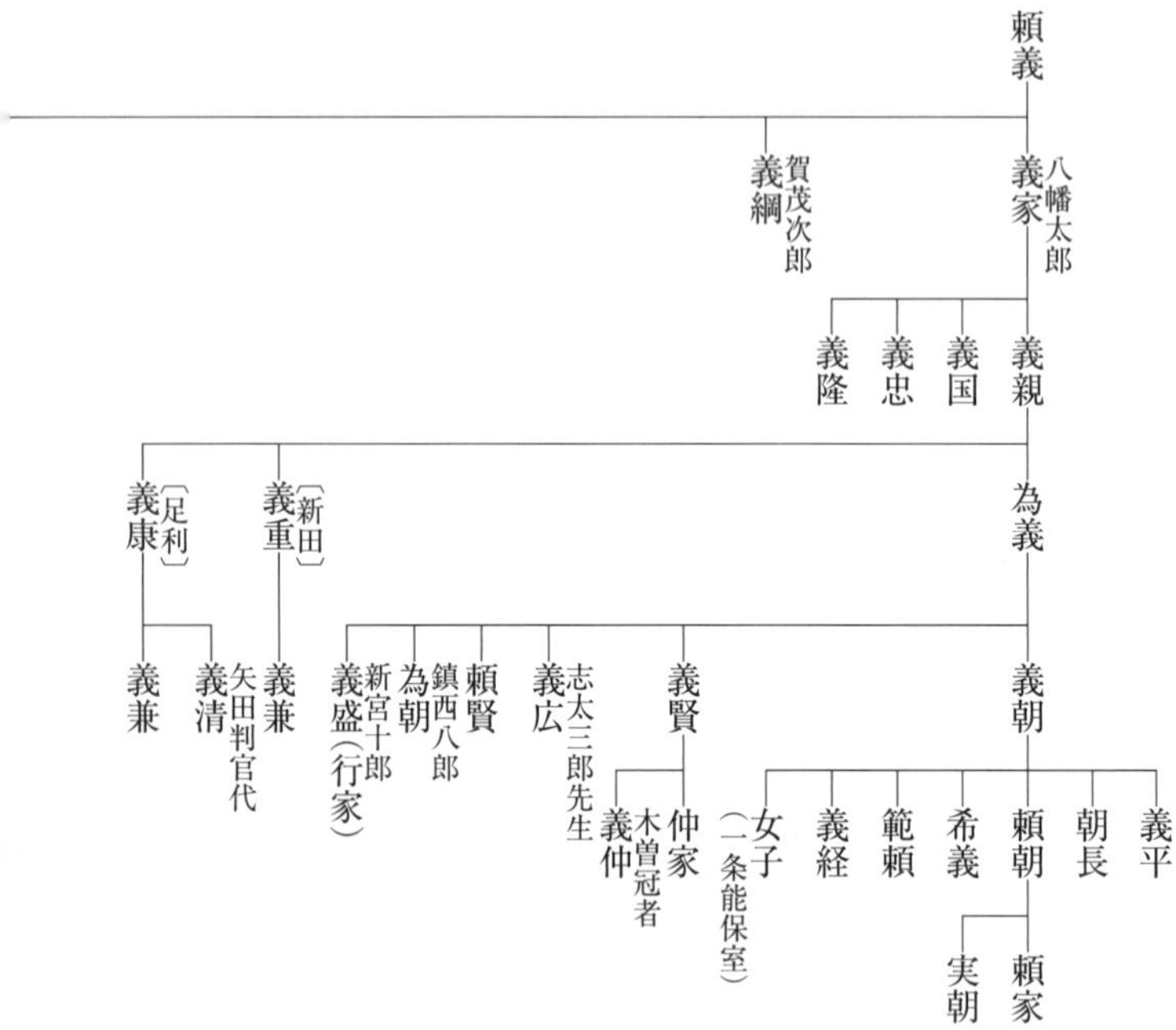


一〇、表4）。

これらのことは、まず将門の乱が関東に限られた乱ではなく奥羽地方も視野に入れた反乱であったことを示すとともに、貞盛一族が競って陸奥守になっていることが物語るように、その要因の一つとして奥羽の「富」があったことを想定させる。もしこのような推定が可能であれば、将門の乱の原因も、『将門記』（蓬左文庫蔵「将門略記」）が伝えるような「女論」（女性をめぐる紛争）などであったのではなく、将門の父良将《よしまさ》の「遺領」＝鎮守府《ちんじゅふ》将軍として獲得して

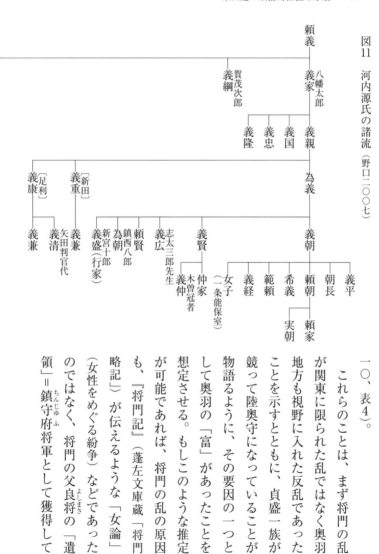

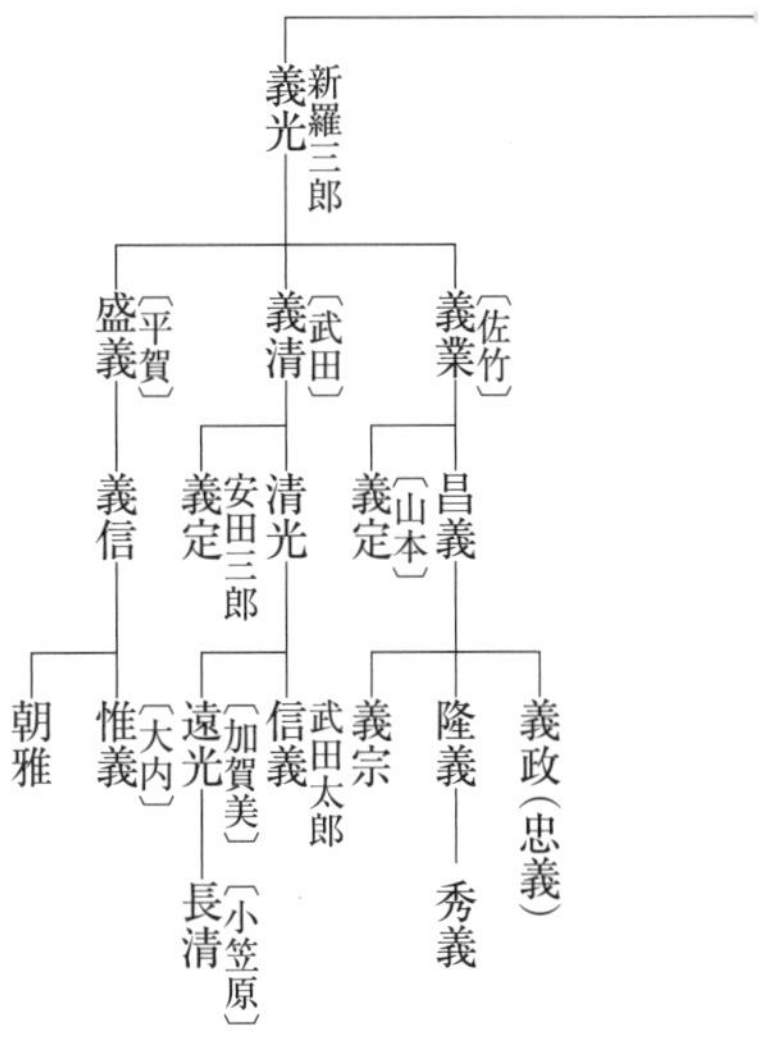


いた奥羽に対する権益（奥羽の富）をめぐる対立にあったとも考えることができるのではないだろうか（高橋修二〇一〇）。

次に前九年・後三年合戦である。この二つの乱については最近詳細な研究がつぎつぎと発表されているのでその内容には立ち入らないが（樋口二〇一一など）、その乱に介入した源義家《よしいえ》が下《しも》野守《つけのかみ》に就任していること、そしてその地位が孫（？）の源義朝《よしとも》に引き継がれていることに注目したい。下野守就任は単に源氏嫡流の東国における政治的地位を示すだけではなく、やはり下野国が東山道から奥大道へのルートを押さえることができる位置にあったことが大きいように思う。これは後述するが、当時は下野国小山《おやま》を経由して常陸《ひたち》国に通ずる道も存在したから（木村二〇一四b、茨城県教育委員会二〇一五）、下野国を押さえることは下野・常陸両国とそれより以北の陸奥国をも押さえることに繋がったのである。

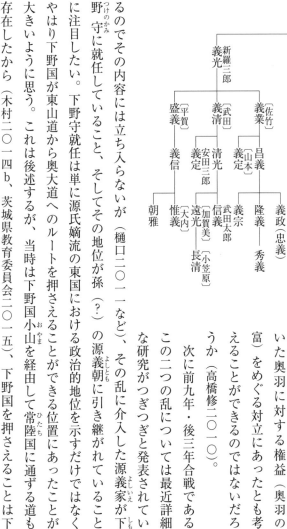

### 浅間山の噴火と為義郎党の動向

一二世紀に入ると、北関東における源為義《ためよし》の動きが活発になる。為義の行動は北関東にとどまらず、相模《さがみ》国や房総半島でも確認できるが（野口二〇〇七など）、やはり目立つのは北関東である。

一二世紀初頭の為義および彼の郎党《ろうとう》らの動向をまとめると表5のようである。彼らが上野・下野国に介入していることが読み取れよう。とくに、天永二年（一一一一）の事件は、その要因は不明だが、下野守と為義郎党とが東山道と東海道の結節点である美濃《みの》国で事件を起こしていることは象徴的である。為義のこのような行動の背景には、祖父（父？）義家の北関東における名跡を受け継ごうという意志があったと思われるが、直接的には天仁元年（一一〇八）の浅間山の噴火による北関東の被害と復興への動きとが関係していたと考えられる。

というのは、噴火から約一〇年後の元永二年（一一一九）に関白藤原忠実《ただざね》が上野国において五〇〇〇町歩の荘園を新立しようとして国司に訴えられ、白河院の意向もあって中止させられるという事件が起きているからである（『中右記』元永二年三月二五日条）。この事件の経緯はやや複雑だが、この立荘は忠実の家司《けいし》平知信《とものぶ》が「寄せ申し」たことに端を発していることは間違いない。

しかし、『和《わ》名抄《みようしよう》』に記載された上野国の総田数約三万一〇〇〇町歩の約六分の一にあたる五〇〇〇町歩という膨大な面積が立荘されそうになったのは、家司知信の背景に現地で土地の集積に働いた勢力がいたことを想定しなければならないであろう。為義が忠実・頼長の「侍」であったことを考えると（野口二〇〇七、元木二〇一一など）、表5でみた北関東における為義の郎等らの動きはその一端を示しているのではないだろうか。

そして、この立荘事件が沙汰止《さたや》みになってまもなく、北関東では立荘ラッシュが起こる。立荘年次の判明する荘園をまとめると表6のようである。

これら立荘ラッシュの特質と歴史的意義については、すでに峰岸純夫氏、鎌倉佐保氏らの研究があるので詳述は避けるが（峰岸一九九三、鎌倉二〇〇三）、この立荘ラッシュの前

表5　源為義の郎党の動向

| | |
|---|---|
| 天永二年（一一一一）一一月 | 為義の郎党が美濃国で下野守源明国に殺害される（『殿略』・『中右記』） |
| 天永四年　三月 | 為義の郎党内記太郎が相模国で横山党に殺害される（『長秋記』） |
| 永久二年（一一一四） | 上野国司に訴えられた藤姓足利氏の家綱が為義の郎党か否かが問題になる（『中右記』） |
| 同年 | 藤原信長の後家から訴えられた下野国佐野荘の荘司二人は為義の郎党であった（『中右記』） |

表6　北関東の主な荘園の立荘年代

| | |
|---|---|
| 天承元年（一一三一） | 高山御厨 |
| 康治二年（一一四三）以前 | 土井出・笠科荘 |
| 康治二年 | 簗田御厨 |
| 保元元年（一一五六） | 園田御厨 |
| 保元二年 | 新田荘 |
| 平治元年（一一五九）以前 | 下野国足利荘 |

他に、青柳御厨、玉村御厨、淵名荘、下野国寒河御厨、武蔵国児玉荘など。

提に、新田荘と新田氏、足利荘と足利氏などの関係がみられるように、在地武士団の私領開発があったことは間違いない。噴火による災害の復興過程で北関東の豪族的武士団もまた歴史の表舞台に登場してきたことは注目される。ただ、ここで指摘しておきたいことは、時間的な経過から考えて、先述した藤原忠実の五〇〇〇町歩の大規模荘園立荘騒動がこれらの立荘ラッシュの引き金になったであろうという点である。

ともあれ、一二世紀前半の北関東＝東山道沿いでは、浅間山噴火による災害とその復興事業に伴って、源為義の郎党らの活動の活発化、さらに豪族的武士団の私領形成とそれを前提にした立荘ラッシュが起こっていた。浅間山の噴火という偶然性はあるものの、一二世紀前半の東山道沿いの北関東は政治的・経済的な活況を呈していたということができよう。

ところで、為義の政権構想をめぐるエピソードが『保元物語』に記されている（新日本古典文学大系、「為義降参ノ事」）。

若いころ、伯父義綱《よしつな》を討つなどの働きに対して、朝廷が「どこの国の受領にでも任じてやろう」というので、為義は「父、祖父ガ跡ニテ候陸奥ヲ給ラン」と陸奥守を求めたところ、朝廷は「為義ガ為ニ不吉ノ国」であるという理由で認めなかった。それは「頼義《よりよし》十二年ノ合戦ヲス。親父義家三年ノ軍《いくさ》ヲス。意趣《いしゅ》残国《のこるくに》ニテアリ。為義ニ給バ、乱ヲ起ナン」という理由からであった。

先に為義の郎党の活動が東山道沿いに目立つことを指摘したが、『保元物語』によれば、為義の意図はさらに越えて陸奥国を見据えていたことがわかる。前述したように、平将門も貞盛一族もそして為義もまた「奥羽の富」の掌握を意図していたのである。朝廷はその意図を察してか、頼義の前九年合戦、義家の後三年合戦による東北地方の混乱を理由にその任官を拒否したのである。

## 為義の政権構想

為義が陸奥国を目指していたのが単なるエピソードでなかったことは、久安六年（一一五〇）、為義が陸奥国の入り口に位置した白河荘の二ヵ所の村の預所職《あずかりどころしき》を平正光なる人物にあてがうとともに、加地子《かじし》の納入を命じている文書が残されていることによって証明される（『平安遺文』二七〇六号、遠藤二〇一五）。為義が南奥に対してなんらかの権限を確保していたことは間違いあるまい。

そうすると、『保元物語』が先の文章に続いて、出家した為義に向かって子為朝《ためとも》がいった次のようなことばを載せているのも、為義の政権構想を表しているのかもしれない。

> サテシモ山ニヲワスベキ事カ。坂東へ下ラセ給ヘカシ。今度ノ軍ニ上リ合ヌ義明（三浦）、畠山庄司重能、小山田別当有重等ヲ、太政大臣、左右大臣、内大臣ニモ成シ、是等ガ子共ヲ、大納言、宰相《さいしょう》、三位、四位、五位ノ殿上人ニ成シヲキ、将門（平）ガシタルケル様ニ、我身ヲ親（新）皇ト号シテ、奥ノ基衡（藤原）カタライテ、ネズ（念珠）ノ関ヲ堅サセテ、奥大将軍ニハ、四郎（源頼賢）左衛門ヲ下申、海道ヲバ掃部権助（源頼仲）ニ堅メサセ申、山道ヲバ七郎（源為成）殿ニ固メサセ申テ、坂東ノ御後見為朝シテ、世中ナドカスギザルベキ、トゾ申タル。

やや長い引用になったが、為朝は、父為義が出家して「山」＝比叡山にいるべきではなく、坂東に下って三浦氏や畠山・小山田氏らを味方にし、さらに平泉の藤原基衡《もとひら》と語らって奥羽を押さえ、自らは平将門に倣って「親（新）皇」と称して、自分（為朝）をその補佐役として東国を支配すべきである、というのである。

為義が「親（新）皇」と称し、四男頼賢《よりかた》、五男頼仲《よりなか》、七男為成《ためなり》、そして八男為朝という自分の子どもたちを中心に政権を樹立しようとしていることは、自分は「新皇」の地位に就き、弟らを国司に就けた平将門にあまりにも酷似しており（相模守平将文《まさふみ》、伊豆守平将武《まさたけ》、下野守平将為《まさため》など。『将門記』）、当然、為朝によるこの政権構想に信憑性はないが、奥州藤原氏と連携しながら東国を支配下に置こうという政権構想は、源氏にしろ平氏にしろ、この時期の武門の棟梁に共通する構想であったといえそうである。

とくに、為義の子為朝にこのような政権構想をいわせる背景には、為義らの東山道—奥大道沿いにおける活動の経験があったからに違いない。

東山道—奥大道の政治的位置の大きさを再確認せざるを得ないであろう。

# 秩父平氏と大蔵合戦

## 秩父平氏の自立

一方、北武蔵で自立してきたのが秩父平氏である。秩父平氏とは、桓武平氏の一族平良文《よしふみ》流の武士団で、良文の曽孫武基《たけもと》が秩父別当を称したことに始まる（図12参照）。武基の弟武常《たけつね》から豊島《としま》・葛西《かさい》両氏を分出し、武基の孫基家《もといえ》から渋谷《しぶや》・中山《なかやま》両氏が出ている。秩父平氏の本流は、同じく武基の孫重綱《しげつな》に受け継がれた。重綱は「出羽《でわ》権守《ごんのかみ》・秩父権守」を号するとともに、初代の武蔵国留守所《るすどころ》総検校職《そうけんぎょうしき》に就任し、武蔵国全体に勢力を振るった。

武蔵国留守所総検校職とは、不明な部分が多いが、任地に下向しない国守に代わって国務を担当する留守所を統括する職務と考えられ、鎌倉時代前期、それが重綱の子孫に受け

図12　秩父平氏略系図（木村一九九七）

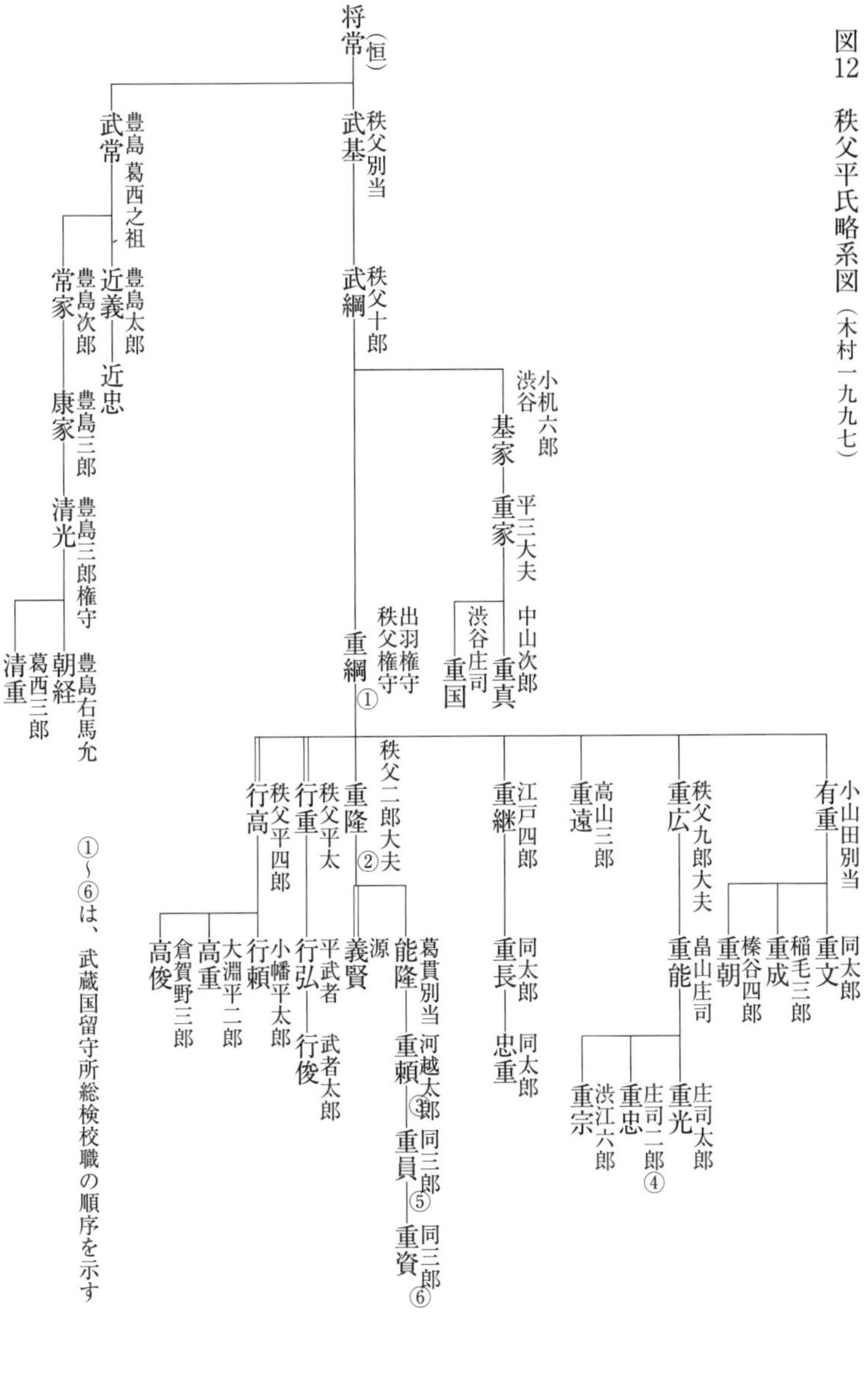

①～⑥は、武蔵国留守所総検校職の順序を示す

継がれた時、「武蔵国惣検校職并《ならび》に国検《こっけん》の時の事書《ことがき》等、国中の文書の加判、及び机催促の加判」が職務であったと記されている（『吾』貞永元年一二月二三日条）。

詳細は不明だが、それぞれ一応次のように理解されている。

武蔵国惣検校職：国務を担当する留守所のさまざまな役所を統括する職務。

国検の時の事書：国検＝一国全体の土地調査の時、なんらかの指示（原則）を与える権限。

国中の文書の加判：国府（実際は留守所）が発する文書に署名する権限。

机催促の加判：詳細は不明だが、公事などさまざまな催促＝徴収する時に関与できる権限。

国守に代わって留守所に対する、実際は留守所を構成する在庁官人《ざいちょうかんじん》らに対する相当強い権限を有していたといえよう。

重綱のころには比企《ひき》郡大蔵《おおくら》（比企郡嵐山《らんざん》町）に本拠を構えたようで、大蔵にほど近い平《へい》沢寺《たくじ》跡（同右）から出土した久安四年（一一四八）の銘をもつ経筒には、

敬白　勧進沙門実誉（カ）

奉施入如法経御筒一口

右志者、為自他法界平等利益也、

久安四年歳次戊辰二月廿九日戊午

当国大主散位
平朝臣茲縄（重綱）方縁等

藤原守道　　安ア（部）末恒

藤原助貞

と記されていた。平朝臣重綱の「方縁」（縁のある人々）らが重綱の供養のために製作した経筒であるが、彼は「当国の大主」と称されるほどの権勢を誇っていたことがわかる（水

図13　平沢寺跡出土経筒（平沢寺蔵）

口二〇一六、『平安遺文』金石文編、第三一三号)。

それは『平家物語』の次のような一節にも表れている(巻第四「橋合戦」)。

武蔵と上野のさかゐ(境)にとね(利根)河と申候大河候、秩父・足利なかをたがひ(違)、つねは合戦をし候しに、(略)上野国の住人新田入道、足利にかたらはれ(語)て(略)

ここから、秩父平氏が、武蔵国と上野国の国境を流れる利根川を挟んで、上野国の新田氏、下野国の足利氏ら豪族的武士団と対抗関係にあったことがわかる。

このようにして、重綱の代に一定の安定的な地位を獲得した秩父平氏は、重綱の子重隆《しげたか》の代になるとその兄弟たちが、畠山《はたけやま》・河越《かわごえ》・江戸《えど》・小山田《おやまだ》氏などに分立し南武蔵にも勢力を拡大するに至る(図12参照)。

## 大蔵合戦とその意義

「浅間山の噴火と為義郎党の動向」でみたような東山道沿いの政治的・経済的活況は新たな動きを誘発する。まず、源義朝の関東下向である。これもすでに指摘されているように、義朝が関東に姿を現すのは康治元年(一一四二)以前で、永治元年(一一四一)には相模国の豪族三浦義明《みうらよしあき》の娘との間に義平《よしひら》をもうけており、永治二年には下総国相馬御厨《そうまのみくりや》、天養元年(一一四四)には相模国大庭《おおば》御厨を舞台に事件を起こしていることは周知の事実である(元木二〇一一など)。

もう一つは、義朝にやや遅れて仁平三年（一一五三）ごろ、為義の嫡男（義朝の兄弟）義賢《よしかた》が上野国西部＝西毛の多胡《たこ》郡に出張ってきたことである（図11参照）。この下向は、義賢の祖父義家が、義家の命に従わない「多胡四郎別当大夫高経《たかつね》」を児玉経行《こだまつねゆき》に討たせたという記事が「小野氏系図」に残されているから（『続群書類従』第七輯上）、その時義家が多胡郡で獲得したなんらかの権益を頼ったものだと思われる。

義賢の関東下向の目的は、同年下野守に就任した義朝に対抗して、源氏の嫡流として祖父義家・父為義以来の北関東の権益を復活・維持しようとした点にあると思われるが、これによって、南関東＝江戸湾岸沿いに勢力を広げる義朝と北関東の権益を復活しようとする義賢との間で、関東を舞台とした源氏同士の「南北戦争」の状況を呈することになった。この「南北戦争」＝大蔵合戦が勃発したのは久寿二年（一一五五）のことである（この合戦に関する研究は多いが、当面木村二〇一三を参照）。

『延慶本《えんきょう》　平家物語』には次のように記されている。

彼義賢、去仁平三年夏比より上野国多胡郡に居住したりけるか、秩父次郎大夫重隆が養　君《やしないぎみ》になりて、武蔵国比企《ひき》郡へ通けるほとに、当国にも不限、隣国までも随いけり。かくて年月をふるほとに、久寿二年八月一六日、故左馬頭《さまのかみ》義朝が一男悪源太《あくげんた》義平か為

図14　大蔵館大手門跡（嵐山町提供）

に大蔵の館にて、義賢・重隆共に被打《うたれ》にけり。

多胡郡に下向したものの、それより以東の東山道沿いには、前述のとおり、浅間山の噴火に伴う復興事業を契機に私領を形成し、それを荘園として寄進するなどして成長してきた新田氏、足利氏、小山氏、宇都宮氏などの有力武士団が蟠踞していたため、勢力の拡大を見込めなかった義賢は、北武蔵の大蔵付近を本拠にしていた秩父平氏と連携する道を選び、「養君」として入り込むことに成功したのである。同じく北関東を有力武士団に押さえられて南関東に進出するしかなかった秩父平氏にとっても、源氏嫡流の義賢を抱き込むことによって南関東へ勢力を伸ばす活路を見出そうと考えたのであろう。

実際、この連携は驚異であった。時の秩父平氏の当主重隆は、「秩父平氏略系図」（図12）にもあるように、父重綱から武蔵国留守所総検校職を譲り受けていたから、この連携によって源氏嫡流である義賢の政治的意向が武蔵国府の政治に直接反映される可能性が出てきたのである。そして、それが武蔵国南部まで及んでくることは当然予想される。この危険を察した義朝は長男義平に大蔵館を襲わせ、義賢・重隆を滅亡させてしまったのである。

ちなみにこの時の武蔵国守は、平治の乱の時に義朝と組んだ藤原信頼《のぶより》であった。信頼もまた、武蔵国および国府内において勢力をもっていた留守所総検校職の重隆が、河内源氏の嫡流義賢と連携して武蔵国の政治に影響力を及ぼしてくることに危機感をもったに違いない。私戦であるとはいえ、留守所総検校職の重隆、源氏嫡流の義賢という政治的には重要な位置にある二人を討った義平に対して、武蔵国府＝国守藤原信頼がなんらかの刑罰を与えた形跡がないことがそれを示している。義朝と信頼との利害が一致した結果であることは間違いない。

西毛に進出し東山道を勢力下に置こうとした義賢の動向に端を発した大蔵合戦は、義賢と重隆の敗北という形で決着した。これによって、武蔵国の勢力配置は大きく変化した。

勝利した義朝―義平が一気に武蔵国に勢力を拡大したことは保元の乱における義朝の軍勢をみれば一目瞭然である。

## 京都系手づくねかわらけと北武蔵

奥州平泉の柳之御所《やなぎのごしょ》の発掘以後、一二世紀の東国社会を考える時、注目されているのが北武蔵における「京都系手づくねかわらけ」の出土である（埼玉県嵐山史跡の博物館二〇一六）。

かわらけとは土師器《はじき》の系譜を引く素焼きの皿のことであるが、ふつう、日常生活で使用されるものではなく、儀式や宴会など特別な飲食の際に用いられる食器で、柳之御所では一〇トンにも及ぶかわらけが出土している。かわらけにはロクロを使って成形された「ロクロかわらけ」と手びねりで作られた「手づくねかわらけ」があるが、後者は平安京の影響のもと作られたと考えられており、「京都系かわらけ」とも呼ばれる。このかわらけの出

| 備考（同一遺跡内の主な出土遺物など） |
| --- |
| 山茶碗系片口鉢，瓦，ロクロかわらけ |
| 白磁皿，山茶碗，古瀬戸四耳壺，青磁碗，ろくろかわらけ主体 |
| 渥美甕，ろくろかわらけと手づくねかわらけは，ほぼ半々である．県内で最も多量に出土 |
| ロクロかわらけと共伴．神社遺構と思われる周辺に投棄されていた |
| |
| 柱状高台 |
| 白磁碗，常滑片口鉢 |
| 常滑壺，白磁皿 |
| |
| 常滑甕，渥美甕 |
| 山茶碗系片口鉢 |

図15　埼玉県内の手づくねかわらけの分布（埼玉県立嵐山史跡の博物館2016）

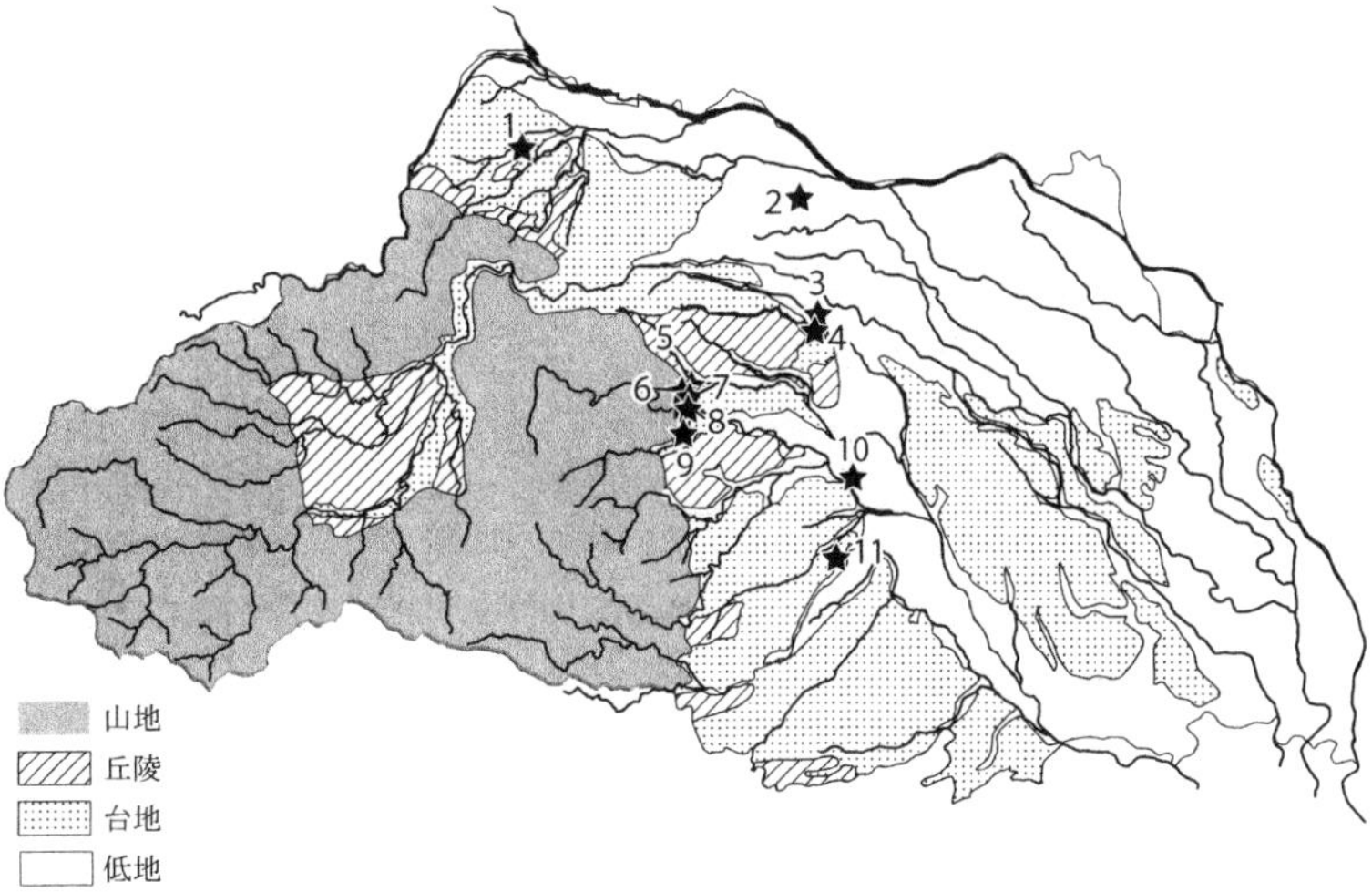


| No. | 遺跡名 | 所在地 | 遺跡性格 | 時期 |
|---|---|---|---|---|
| 1 | 城の内遺跡 | 本庄市入浅見 | 寺院 | 12世紀末～13世紀前半 |
| 2 | 中条氏関連遺跡群 | 熊谷市上中条 | 館跡 | 13世紀前半 |
| 3 | 下田町遺跡 | 熊谷市津田 | 館跡 | 12世紀後半 |
| 4 | 船木遺跡 | 熊谷市船木台 | 神社遺構 | 12世紀後半 |
| 5 | 遠藤遺跡 | 比企郡嵐山町平沢 | | 13世紀 |
| 6 | 平沢寺 | 比企郡嵐山町平沢 | 寺院 | 12世紀後半 |
| 7 | 山王遺跡 | 比企郡嵐山町菅谷 | 館跡 | 12世紀後半 |
| 8 | 大蔵館跡 | 比企郡嵐山町大蔵 | 館跡 | 12世紀後半 |
| 9 | 篩進新田遺跡 | 比企郡ときがわ町玉川 | 不明 | 12世紀中葉 |
| 10 | 堂地遺跡 | 比企郡川島町上伊草 | 館跡 | 12世紀後半 |
| 11 | 河越館跡 | 川越市霞ヶ関 | 館跡 | 12世紀中葉 |

現は一二世紀なかごろと評価されている。

その京都系かわらけは、これまでは平泉でしか出土していなかったのだが、近年、北武蔵でも確認されるようになった。それも図15にあるように、大蔵館跡、平沢寺《へいたくじ》跡など、秩父平氏の拠点を中心とした遺跡から出土していることが注目される。そのうえ北武蔵に限られており、いまのところ出土の南限である河越館跡は秩父平氏の嫡流である河越氏の居館であった。そして、そのかわらけの初期の年代も一二世紀なかごろと評価されている。奥州平泉に次いで京都系かわらけを受容したのは大蔵館を拠点とした秩父平氏であった可能性が読み取れる。

ちなみに、近年鎌倉市の大倉《おおくら》幕府周辺遺跡（二階堂字荏柄三八番二）から一括廃棄のかわらけが九〇〇個体以上発見され、そのうち手づくねかわらけが七〇〜八〇%を超えることが報告されている。しかし、その形状の特徴からみて、早い遺跡でも一一八〇年代をさかのぼらないと評価されているから（飯村二〇一六）、北武蔵における秩父平氏による京都系かわらけの受容の早さは否定することができない。

確定的な評価は今後の詳細な研究をまたなければならないとしても、京都系手づくねかわらけを受容したのは、大蔵館を中心とした政治勢力＝秩父平氏であったことは間違いないであろう。その受容がどのような手段や経路に依拠していたかはまだ未解明であるが、いまのところその出土が北武蔵に限られており、南武蔵からは出土していないことなどから判断するならば、やはり東山道ルート、京都—東山道—奥大道ルートを想定せざるを得ないのではないだろうか。

このような推定が可能であれば、東山道の重要性とともに、源為義郎党と子義賢の北関東での動向、秩父平氏と義賢との連携、その結果としての大蔵合戦なども、関東における武士団の対立としてだけではなく、巨大都市平泉を含めた一二世紀の東国社会全体のなかで再評価しなければならないように思う。

## 保元・平治の乱と東国武士団

大蔵合戦の翌年、保元元年（一一五六）天皇家・摂関家を巻き込んだ保元の乱が勃発する。崇徳《すとく》院方に源為義が、後白河天皇方に義朝が付いて争ったことはよく知られている。このことが前年の大蔵合戦が保元の乱の前哨戦と評価される所以であるが、武蔵国武士団にとって大蔵合戦における義平＝義朝の勝利は決定的なものであった。義朝軍に参加した武蔵国および上野国の武士団を『保元物語』から整理すると表7のようになる。

豪族的武士団として自立を保っていた新田氏、足利氏、小山氏らの名前はみえないが、

表7　源義朝軍団所属の武蔵国・上野国武士（『保元物語』上）

| | 武士団 | 武　　士 |
|---|---|---|
| 武蔵国 | 秩父一族 | 豊嶋四郎，河越，師岡 |
| | 横山党 | 中条新五，同新六，成田成綱，箱田次郎，河上三郎，別府行隆，奈良三郎，玉井資重，藍原太郎 |
| | 丹党 | 丹治成清，榛沢丹六 |
| | 児玉党 | 庄家長，同三郎，秩父武者 |
| | 猪俣党 | 岡部忠澄，猪俣範綱，河匂三郎，手薄加七郎 |
| | 村山党 | 金子家忠，山口家継，仙波家信 |
| | 西党 | 日奉悪次，平山 |
| | その他 | 斎藤実盛，同実員 |
| 上野国 | | 瀬下四郎 |
| | | 物射五郎 |
| | | 岡本 |
| | | 那波太郎 |

秩父平氏の一族およびいわゆる「武蔵七党《むさししちとう》」と称される党的武士団（横山党・丹《たん》党・児玉党・猪俣《いのまた》党・村山党・西党）の多くが参加していることがわかろう。利根川右岸の関東武士団が根こそぎ義朝軍に動員されたのであった。

さらに、西毛の武士団までも義朝軍に編成されていたことは注目される。先述のように、西毛は源為義・義賢の影響力が強く、義賢の子義仲の挙兵に際しては、この表にある瀬下《せしも》氏、物射《もののい》（桃井）氏、那波《なわ》氏らが義仲軍に加わっている（木村二〇一三）。このような、どちらかというと義朝派ではない武士団までも義朝軍に加わっているところに大蔵合戦の影響力の大きさをみることができる。

しかし、三年後に起きた平治の乱で源義朝軍に加わった武蔵武士団はあまりにも少ない。『平治物語』によれば、長井実盛《ながいさねもり》、岡部清澄《おかべきよすみ》、猪俣範綱《いのまたのりつな》、熊谷直実《くまがいなおざね》、平山家忠《ひらやまいえただ》、足立遠元《あだちとおもと》の六人にすぎない。秩父平氏だけでなく、保元の乱の際こぞって参加した武蔵七党に至っては猪俣範綱、平山家忠が個人名で上がっているだけで、党的なまとまりとして参加した形跡はない。また、上野国では大胡《おおご》・大室《おおむろ》・大類《おおるい》太郎が加わっていたことがわかるが、これも保元の乱に参加した西毛の武士団はいない。

このようになった理由は不明だが、保元の乱の際は大蔵合戦直後という影響があって、多くの武士団を編成することができたが、数年たった平治の乱ではその余韻も醒め、関東の武士団が自分たちの利害を優先して行動した結果だということもできるかもしれない。少なくとも義朝の関東武士団の編成はそれほど盤石なものでなかったことは間違いないであろう。

大蔵合戦後に武蔵国で大きな影響力をもった義朝と藤原信頼が、平治の乱で敗北することによって、武蔵国支配は一変した。平氏政権の支配が直接及んだのである。武蔵国は平氏の知行国となり、清盛の子知盛《とももり》が国守として武蔵国を支配することになった。知盛の後は清盛の弟頼盛《よりもり》の子、さらにその後は知盛の子知章《ともあきら》が国守となり、平家一族の武蔵国支配は知章が一ノ谷合戦で討ち死にする寿永三年（一一八四）まで続いた。この間、多くの武蔵武士団が平氏政権が設けた大番役《おおばんやく》などに動員され、知章を頂点とするヒエラルヒッシュな体制に組み込まれていたことは、野口実氏が詳細に明らかにされたとおりである（野口一九八二）。

## 結節点としての美濃青墓宿

西毛から南下する義賢（父為義）と鎌倉を拠点に北上する義平（父義朝）との「南北戦争」＝大蔵合戦の実態とその後の影響について概観したが、実は興味深い事実がある。それは東山道と東海道との結節点である美濃青墓宿《あおはかしゅく》をめぐる為義と義朝の関係である。このことは、頼朝が建久元年（一一九〇）の第一回目の上洛の際、尾張国野間《のま》荘の「故左典廐《さてんきゅう》（義朝）の廟堂」を詣でた後、美濃青墓宿に立ち寄った時の『吾妻鏡』の記事に明瞭である（『吾』同年一〇月二九日条）。

> 青波賀駅において、長者大炊《おおい》が息女らを召し出され、纏頭《てんとう》あり。故左典廐、都鄙に上下向の毎度、此の所に止宿せしめ給うの間、大炊は御寵物たるなり。仍って彼の旧好を重んぜらるるが故か。故六条廷尉《ていい》禅門最後の妾（乙若以下四人の幼息の母、大炊の姉）、内記《ないき》平太政遠《まさとう》（保元の逆乱の時誅せらる。乙若以下同じく自殺せしめ畢）、平三真遠《さねとう》（出家の後、鷲栖源光と号す、平治敗軍の時、左典廐の御共として秘計を廻らし、内海《うつみ》に送り奉るなり）、大炊（青墓の長者）、此の四人は皆連枝《れんし》なり。内記大夫行遠の子息らと云々。

前半は「左典廐」＝義朝が、京と関東を行き来するたびに青波賀（墓）宿に宿泊し、この宿の長者であった大炊を寵愛していた、とあり、後半は「六条廷尉」＝為義もまた大炊の姉を妾として乙若以下四人の子どもをもうけた、と記されている。為義と義朝は親子であるから、父が姉を子が妹を寵愛したというのは不自然ではない。

問題は為義も義朝も青墓宿を京と関東を往還する時の拠点にしていたことである。とくに為義の場合はより明確で、前述の「浅間山の噴火と為義郎党の動向」のところで、天永四年（一一一三）為義の郎党内記太郎《ないきたろう》が相模国で横山党に殺害される、という事件を紹介

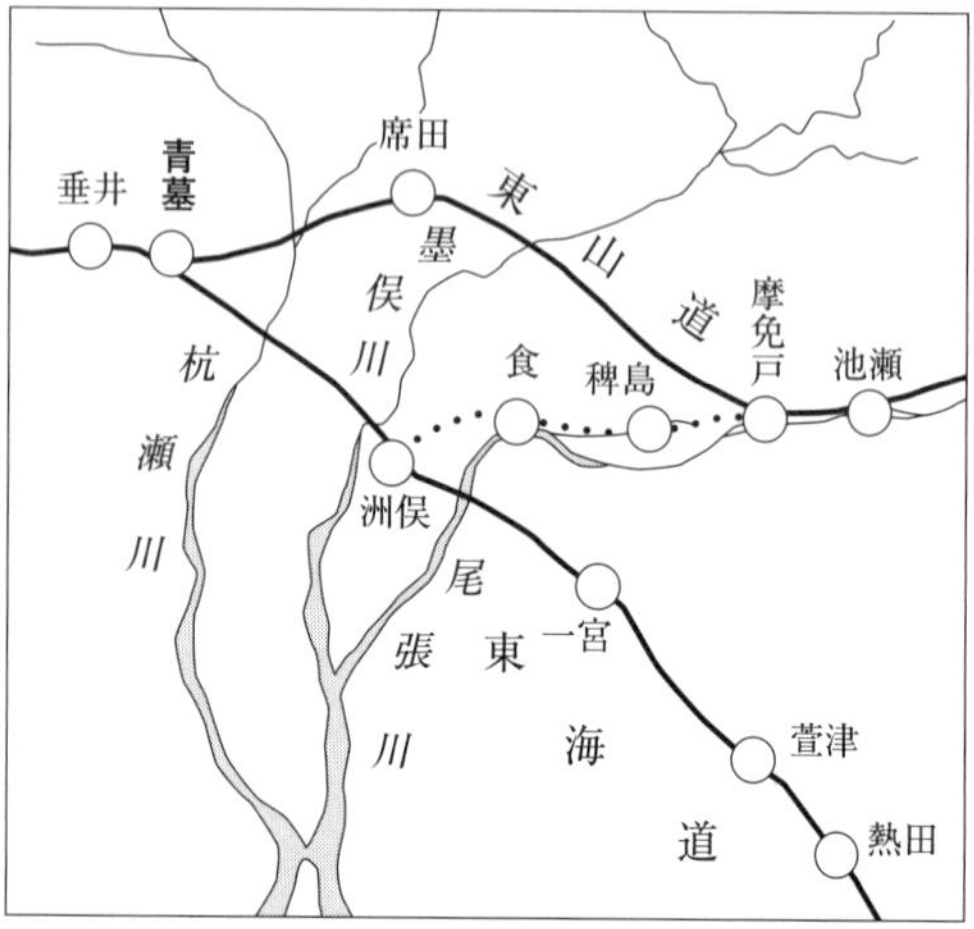


図16　青墓宿の位置（『承久記』現代思潮社より「承久の乱関係地図」を改変）

したが（表5参照）、その内記太郎というのは、先の『吾妻鏡』の記事に出てくる「内記大夫行遠」と考えられる。ということは、為義は父内記太郎を郎党に編成し、その娘を妾にしていたことになるのである。

また、政遠に関する割注によれば、彼は保元の乱で討たれ、為義の子乙若《おとわか》らも自害した、というのであるから、彼もまた為義の郎党として乙若らに付き添っていたのであろう。しかし、物事はそれほど単純ではない。次の真遠の注記には、彼は義朝に仕え、平治の乱の際、秘計を廻らせて義朝を内海荘《うつみのしょう》に逃がした、と記されている。女兄弟が、為義と義朝に寵愛されたがために、兄弟もそれぞれの郎党として生きざるを得なかったのであろうか。

話題がややそれたが、為義・義朝ともに、青墓宿、とくに内記一族と密接な関係をもっていたことは明らかである。これ以後は推測になるのだが、為義・義朝父子の活動地域を考えるならば、同じく青墓宿を拠点としながらも、父為義は東山道に沿って勢力を伸ばし、西毛・上野・下野など北関東に影響力を強めようとしたのではないだろうか。一方、義朝は、下総・相模における活動を考えると、東海道に沿って勢力を伸ばし、南関東・南武蔵を勢力下に収めようとしていたと考えることができよう。青墓宿は、為義・義朝親子の結節点であったとともに、二人の分岐点でもあったのである。

縷々述べてきたが、これまでの一二世紀の東国史は、その前半は浅間山の噴火とそれを契機とした立荘のラッシュ、後半は大蔵合戦なども検討されてきたものの、やはり頼朝の挙兵、首都鎌倉の成立を前提に議論されてきた傾向が強い。しかし、それがものごとの部分しかみていないことは、これまでの叙述で明らかであろう。一二世紀東国の政治・経済の中心は巨大都市平泉の存在を抜きにしては考えられず、その影響もあって関東の政治矛盾は平泉と京都を結ぶ東山道沿いに存在したのであって、だからこそ北関東でさまざまな政治的対立が起こったのであった。大蔵合戦はその象徴的な事件として評価されなければならない。

# 南常陸と江戸湾の掌握

## 富士川の合戦と金砂合戦

## 頼朝の挙兵

頼朝《よりとも》挙兵に至るまでの前提が長くなってしまったが、いよいよ頼朝の動向を追いつつ、頼朝政権成立と街道との関係について考えることにしたい。

### 挙兵と秩父平氏

平治の乱（一一五九年）で源義朝《よしとも》が敗北すると、その子頼朝は池禅尼《いけのぜんに》らの助けもあって死罪を免れ、伊豆国蛭ヶ小島《ひるがこじま》（静岡県伊豆の国市）に配流となり、他の子どもたちは寺院などに預けられた。その頼朝に平氏打倒の以仁王《もちひとおう》の令旨《りょうじ》が届いたのは治承四年（一一八〇）五月のことであった。

頼朝は、舅の北条時政《ほうじょうときまさ》や伊豆の豪族三浦《みうら》氏らの援助を得て、同年八月一七日、伊豆国一宮三島大社の祭礼の日を選んで挙兵した。軍勢はわずか三、四十人であったが、伊豆国の目代山木兼隆《もくだいやまきかねたか》を討つことに成功した。しかし、酒匂川《さかわがわ》の洪水などで遅れた三浦一族と合流する途中、石橋山《いしばしやま》（小田原市南部）で平氏方の大庭景親《おおばかげちか》らに攻められ、敗北してしまった（石橋山の合戦）。しかし、景親の計らいで一命を取り止めた頼朝は海路房総半島の安房《あわ》国に逃れ、三浦氏と合流するとともに、体制の立て直しを図った。

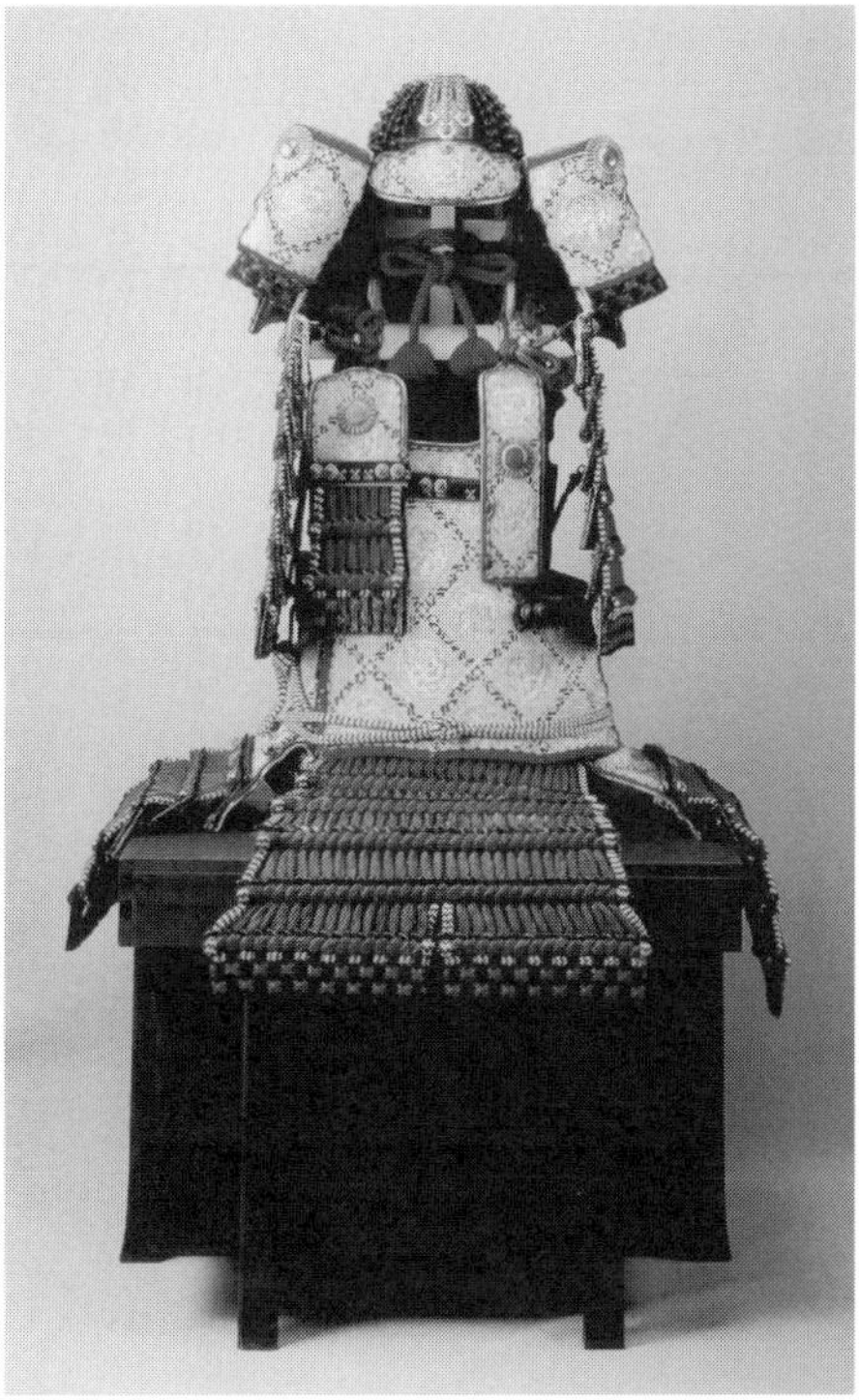

図17　大鎧（復元，神奈川県立歴史博物館所蔵）
武蔵御嶽神社所蔵大鎧の復元品．原品は畠山重忠奉納の伝承がある．

房総半島を横断するなかで、下総国《しもうさ》の豪族千葉常胤《ちばつねたね》、上総国の上総介広常《かずさのすけひろつね》を味方にして体制を整えた頼朝は、三万余騎を従えていよいよ武蔵国《むさし》に入ろうとした。しかし、前述のように、この時期の武蔵国守は代々平氏が務めており、武蔵武士団の多くは平氏の軍制に編成されていた（野口一九八二）。

たとえば、秩父平氏の畠山重忠《はたけやましげただ》は、頼朝方の三浦義澄《よしずみ》の本拠衣笠城《きぬがさじょう》（横須賀市）を攻める際、「平氏の重恩に報いんがため」といって秩父平氏一族に参加を要請しているし、実際、その要請に応えて「河越太郎重頼《かわごえしげより》、中山次郎重実《なかやましげざね》、江戸太郎重長《えどしげなが》、金子・村山の輩已下数千騎」が出兵している（『吾』治承四年八月二六日条）。河越・中山・江戸は秩父平氏だし、金子・村山は武蔵七党の一つ村山党のメンバーである。彼らが平氏方であったことは間違いないであろう。

## 秩父平氏の抵抗

このような状況であったから、頼朝の武蔵国入りはそれほど簡単ではなかった。頼朝もそのことは承知していたようで、武蔵国に入る前から、下野国《しもつけ》の豪族的武士団小山朝政《おやまともまさ》、下総国の下河辺行平《しもこうべゆきひら》や、秩父平氏一族であるが、畠山氏や河越氏らと別系統で、源頼信《よりのぶ》以来源氏と因縁のある葛西清重《かさいきよしげ》と豊島清元《としまきよもと》に書状を送り味方につくよう働きかけている（『吾』治承四年九月三日条。図12）。

頼朝は、当時は武蔵国の棟梁と目された江戸重長を勧誘するが、その誘いに乗らない重長を「大井の要害《ようがい》を見るべき由、偽りて誘引して」「討ち進《ま》」いらすことを葛西清重に命じたりもしている（『吾』同年九月二九日条）。しかし、上手くいかないことを知った頼朝は実力突破することにし、治承四年一〇月二日、舟で太日川《ふといがわ》（江戸川）・隅田川を渡り、墨田宿に着いた。するとまず豊島清元（清光カ）、葛西清重、足立遠元《あだちとおもと》らが出迎えた。さらに、四日に長井渡し（三河島から王子にかけての湿地帯）を越えると、ようやく秩父平氏の有力メンバーである畠山重忠、河越重頼、江戸重長らが参向し、頼朝に帰順した。

千葉常胤が頼朝の元に参向したのが九月一七日、遅れて上総介広常が参会したのが一九日であるから、秩父平氏一族を懐柔し味方につけるのに一〇日以上を費やしたことになる。当該期の武蔵武士団に対する平氏の影響力の強さを物語っていよう。ただ、これで秩父平氏を取り込むことに成功したが、北関東の豪族で同じ源氏の新田義重《にったよししげ》は依然自立の志があって、頼朝の誘いには応えず、依然上野国寺尾城に籠もり軍兵を集めるという状況であったことも押さえておかなければならない。『吾妻鏡』九月三〇日条は、

新田大炊助《おおいのすけ》源義重入道法名上西、東国いまだ一揆せざるの時に臨み、故陸奥守（源義家）嫡孫を以て、自立の心を挿《さしはさ》む の間、武衛《ぶえい》御書を遣わすと雖も返報に能わず、上野国寺尾城に引き

籠もりて軍兵を聚《あつ》む。

と記している。源義家の嫡孫としての自負が、同じ嫡孫である頼朝へ味方することを拒んでいることがよく表現されている（図12参照）。

## 武蔵国府から相模国府へ

なんとか秩父平氏を支配下に置くことに成功した頼朝は、五日、武蔵国府に到着した。そして、武蔵国の国務と在庁官人らの指揮権を江戸重長に任せて、翌六日には、同じく秩父平氏である畠山重忠を先頭に「幾千万を知らず」といわれた武士団を引き連れて相模《さがみ》国に入った。この対応にも頼朝がいかに秩父平氏に配慮していたかがうかがえるし、頼朝が武蔵国の支配を相当重視していたことがわかる。

鎌倉に入った頼朝は、自分の邸宅の建設を命じるとともに、逃れていた妻政子を呼び寄せ、さらに鶴岡八幡宮を由比《ゆい》郷から小林郷に遷座させるなど、矢つぎ早の政策を打ち出すが、事態はそれほど悠長ではなかった。鎌倉に入ってから七日目には木曽義仲《よしなか》が木曽を出て、父義賢《よしかた》縁《ゆかり》の地である上野《こうずけ》国に入ったという知らせが来るし、駿河《するが》国では、平家方の目代橘遠茂《たちばなのとおもち》が長田《おさだ》入道の味方を得て、甲斐源氏・北条父子と合戦をするという状況であった（『吾』治承四年一〇月一三日条）。

# 富士川の合戦──関東の西の境界を押える

## 富士川の合戦の逸話

治承四年（一一八〇）一〇月一六日、平維盛《これもり》を大将軍とする数万騎に及ぶ平家の追討軍が去る一三日に駿河国手越駅《てごし》（宿）に着いたという報を受けた頼朝は、新造の御亭に入ると間もなく（一五日）、駿河国に向けて進発した。一八日に足柄峠《あしがら》を越え、その夜には駿河と伊豆の国境黄瀬河宿《きせがわ》（静岡県沼津市）に着き、甲斐・信濃の源氏および北条時政らと合流した。そして、いわゆる富士川《ふじかわ》の合戦が起こったのは二日後の二〇日のことであった。

ところで、この富士川の合戦ほど「逸話」の多い合戦もない。まずは、水鳥の飛び立つ羽音に驚いた平氏軍は戦わずして撤退したこと。撤退した平家軍を追って上洛しようとした頼朝を千葉常胤、上総広常、三浦義澄らが「先ず東夷《とうい》（佐竹氏）を平らげて後、関西へ至るべし」と諫めて上洛を思いとどまらせたこと。さらにその帰路の途中、奥州から馳せ参じた弟の源義経《よしつね》に再会すること、などである。

このこと自体、この合戦に関する『吾妻鏡』の記事に作為性を感じるが、新しい成果に基づいて、合戦の実像を再構成してみることにしよう（木村二〇〇七）。

## 富士川の合戦の虚と実

まず、水鳥の羽音とは次のようなことである。『吾妻鏡』によれば、黄瀬河宿を発った頼朝は賀嶋《かじま》に進んだ。それに対して平家方は富士川の西岸に陣を張った。夜更けになって甲斐源氏武田信義《たけだのぶよし》が兵略を廻らし密かに平家方の陣の後面を襲ったところ、富士沼の集まっていた水鳥が一斉に飛び立ち、その羽音が軍勢の音に聞こえたため、平氏軍は驚愕して退陣した、というのである。

まず、図18をみると明らかなように、頼朝が進んだ賀嶋と平家が陣取った富士川の西岸と富士沼との位置関係がおかしい。富士沼とは、いまはないが、沼津市西部に広がっていた湿地帯浮島《うきしま》ヶ原《がはら》ないし浮島沼であったと考えられるから、頼朝が陣取った賀嶋、また武田が襲った平家の陣の後面は、平家軍を越えた地域になってしまうのである。これでは平家軍は撤退もできない。『吾妻鏡』の記事に大きな作為があると考えなければならない所

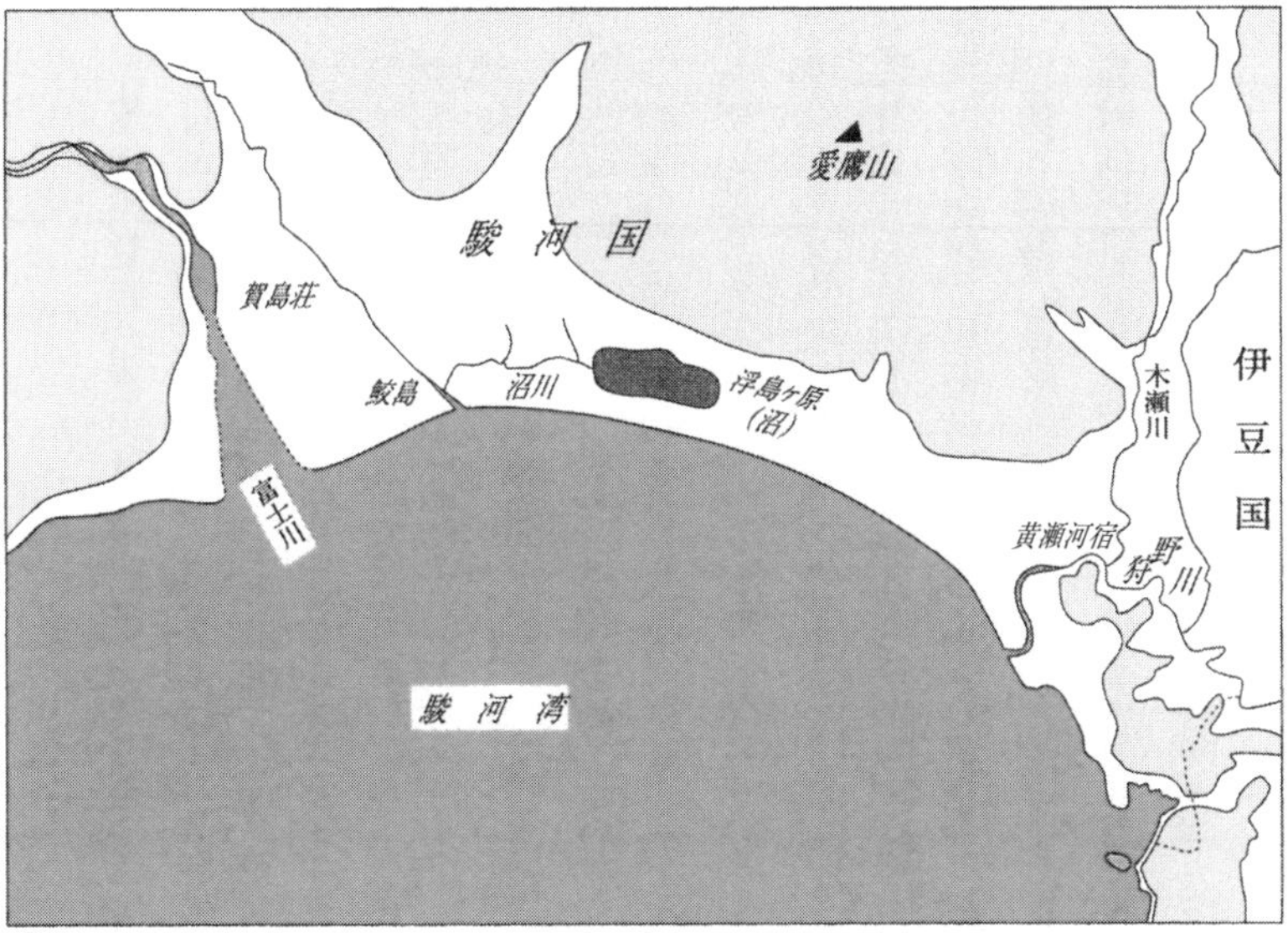


図18　富士川の合戦概念図（木村2002）

以である。

　では、なぜこのような作為をしたのであろうか。実は先述のように、この富士川の合戦が起こる前にすでに平家軍と甲斐源氏の合戦が行われていた。『吾妻鏡』は一〇月一四日のこととして、以下のように伝えている。

> 武田・安田の人々、神野《かみの》并びに春田の路を経て、鉢田の辺に到る。駿河の目代、多勢を率いて甲州に赴くの処、不意に此の所に相逢う。（略）然れども信光主は景廉《かげかど》らを相具し、先登に進みて、兵法力を励まして攻戦す。

遠茂、暫時防禦の構えを廻らすと雖も、遂に長田入道が子息二人を梟首《きようしゆ》し、遠茂を囚人となす。従軍寿《いのち》を舍《す》て、疵《きず》せらる者、その員《かず》を知らず。後に列なる輩は、矢を発つに能わず。悉《ことごと》く以て逃亡す。酉の刻、彼の頸を富士野の傍ら、伊堤《いで》の辺に梟《さら》す、と云々。

鉢田付近で甲斐源氏の武田・安田と平氏方の駿河国の目代橘遠茂の軍が衝突し、目代側が大敗し、軍勢はバラバラになり、最後は遠茂が梟首され、富士野の伊堤の辺に晒されたことがわかる。

この事件については京都にももたらされ、九条兼実《くじようかねざね》はその日記『玉葉《ぎよくよう》』に次のように記している。ちなみに、この記事は、平氏の追討軍が富士川の合戦で敗れ、意気消沈して京都に戻ってきた時の記事である（治承四年一一月五日条）。

先に去月一六日、駿河国高橋宿に着く。是よりさき、彼の国の目代及び有勢武勇の輩、三千余騎、甲斐の武田城に寄するの間、皆悉く伐り取られ了。目代以下八十余人頸を切り、路頭に掛く、と云々。

ほぼ同内容が京都にも届いていたことがわかる。注目すべきなのはその次の記事で、敗北したにもかかわらず、富士川の合戦に備えるべく平氏方も準備をしていたところ、「官兵」が数百騎降伏して頼朝方に逃げてしまい、それを「拘留」する力もなくて、気がついたところ軍勢はわずか一、二千騎にも及ばなくなってしまった。「武田方は四万騎余」という噂なので、「敵対するに及ぶべからざるによって、竊《ひそか》に以て引き退」いた、と『玉葉』は記している。

この『玉葉』の記事を信用する限り、平家軍は富士川の合戦の前の鉢田辺の合戦の敗北によって兵力を大きく失っており、さらに「官兵」が離脱するという事態も起きて頼朝軍と戦う気力すら残っていなかったことになろう。すなわち、富士川の合戦で平家軍が水鳥の羽音に驚いて退却したのは、頼朝の軍勢に恐れを抱いたからではなく、すでに武田軍によって打ちのめされて戦意喪失になっていたからに他ならない。『玉葉』が富士川の合戦の相手を頼朝軍ではなく「武田方」と認識しているところに、富士川の合戦に至る源氏方の主戦力が誰であったかがよく示されている。

とはいえ、頼朝は戦わずして平氏の追討軍を京へ追い返すことに成功した。頼朝は、千葉常胤らの諫言《かんげん》を聞き入れて、ふたたび黄瀬河宿へ戻った。そこへ訪れた若者が源義経であった。常胤らの諫言については次に考えることにし、頼朝が富士川の合戦に赴く時も帰路にも利用した黄瀬河宿について触れておこう。

## 境界としての黄瀬河宿

黄瀬河宿は、伊豆と駿河の国境付近を流れる木瀬川を東海道が越える地点にできた宿である（図18）。頼朝はたびたびこの宿まで来ている。最初は前述の富士川の合戦の際であるが、この時はここで軍勢を整えたり、鎌倉へ帰る際の準備をしている。また、文治元年（一一八五）、弟源義経と叔父行家《ゆきいえ》が反旗を翻した時も上洛しようとしてこの宿まで来て八日間逗留し、頼朝は「京都の事を定め聞」いたり「乗馬幷に旅粮已下」を準備させている（『吾』同年一一月一日条）。また、建久四年（一一九三）の富士の巻狩《まきがり》りの際、狩宿《かりやど》の酒宴に「手越《てごし》の少将」「黄瀬川の鶴亀」らの遊女が群参していたこともよく知られている（『吾』同年五月二八日条）。

このように、黄瀬河宿は、交通の拠点であっただけでなく、軍備を整える兵站《へいたん》基地、さらに京都の情勢を収集する政治の場であり、さらに遊女らが活動する都市的な場でもあったのである。そして、何よりも重要なのは、この地が東海道を通って関東へ入る西からの入り口である足柄《あしがら》関・峠の西側の裾野に位置していたことである。黄瀬河宿は関東が西から攻められた時の重要な防衛ラインであったのである（木村二〇〇二）。

頼朝は、富士川の合戦の主導権は甲斐源氏に握られてしまったとしても、この合戦に出向くことによって関東に入る東海道の防衛拠点、そして兵站基地でもあった黄瀬河宿を掌握することができたのであった。この点にこそ、頼朝にとっての富士川の合戦の意義がある。

# 金砂合戦——南常陸と江戸湾岸を押える

## 佐竹氏を攻める

千葉常胤や上総広常らの諫言を受け入れた頼朝は、伊豆国一宮三島大社に参詣した後、相模国府で初めて「勲功の賞」を行い、治承四年（一一八〇）一〇月二五日に松田御亭に入った。ところが、落ち着く間もなく二七日には佐竹秀義《さたけひでよし》を討つため常陸国へ向け進発している。

この佐竹攻めについては、前述の「先ず東夷（佐竹氏）を平らげて後、関西へ至るべし」という千葉・上総・三浦氏らの諫言《かんげん》との関係で（『吾』治承四年一〇月二一日条）、相馬《そうまの》御厨《みくりや》や房総半島の利権をめぐって千葉・上総氏が佐竹氏と対立していたため、彼ら東国の在地領主の意向で実行されたと理解されてきた。

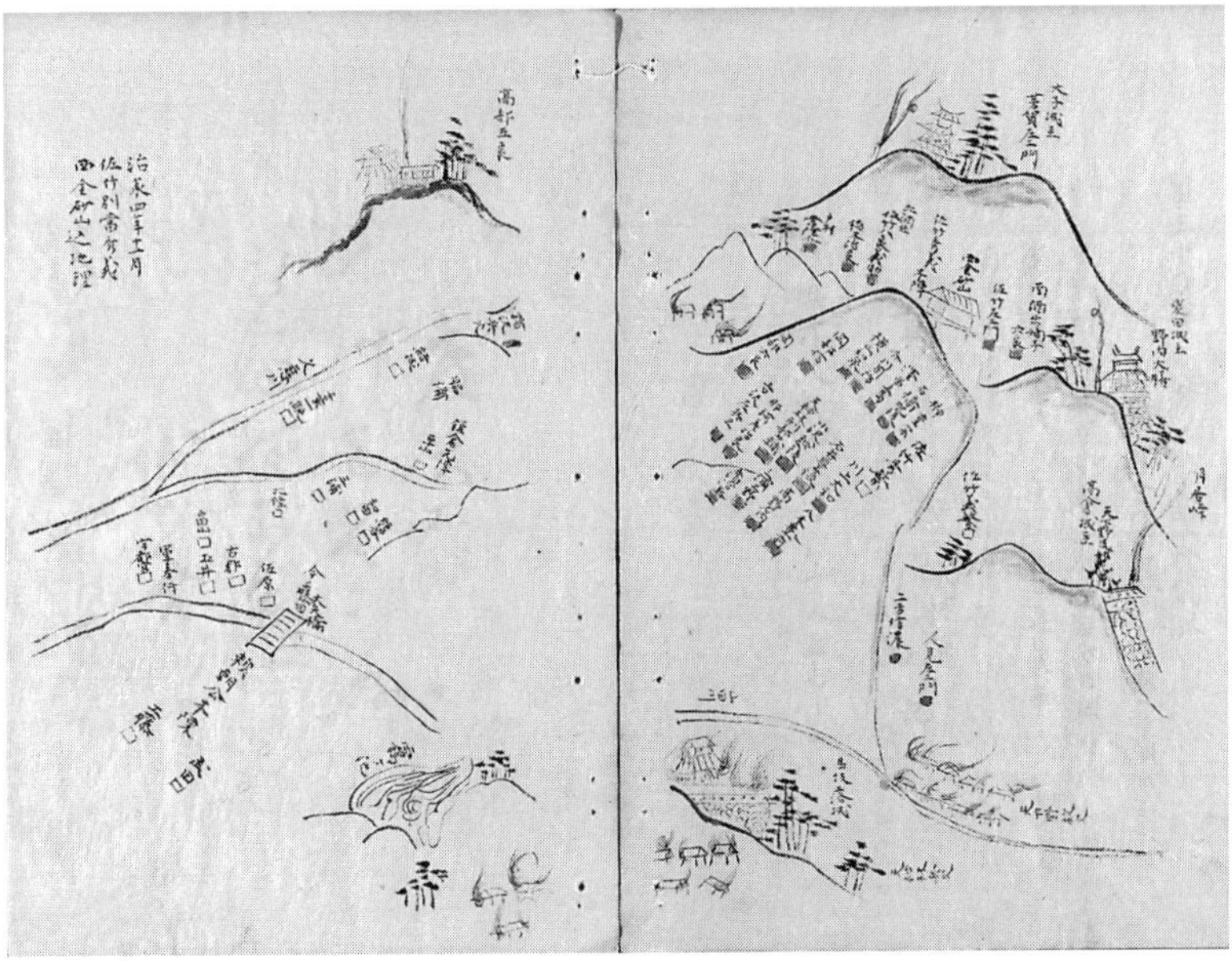

図19　金砂合戦布陣図
（小宮山楓軒『水府志料』巻20附録「久慈郡治承4年11月佐竹別当秀義西金砂山込地理」より，国立国会図書館所蔵）

しかし最近は、富士川の合戦からわずか七日後に、それも当日が頼朝の「御衰日《ごすいにち》」（陰陽道で諸事を慎むべしとされた日）であったにもかかわらず出兵していることから、佐竹攻めは頼朝の主導で行われたと評価されている（高橋二〇〇七、宮内二〇一〇）。私も、それらの点に、富士川の合戦において源氏の棟梁としての仕事をなしえなかった頼朝の意志が働いていることを加えて、頼朝の主導であったと考える（木村二〇一四b）。

頼朝は、一一月四日に常陸国府に到着した。佐竹秀義は金砂《かなさ》城に籠もって抗戦したが、一族の佐竹義季《よしすえ》の手引きにより上総広常が奇襲をかけ、金砂城は陥落した（六日）。広常が金砂城を焼き払ったが、秀義は奥州花園《はなぞの》城に逃れたという。

## 金砂合戦後半戦の評価

金砂合戦の経過は以上であるが、実はこれは前半戦であって、金砂合戦には後半戦があった。この後半戦を抜きにして軽々に金砂合戦の評価をすることはできない。その後半戦の経過を年表にまとめると表8のようになる。

この経過から注目すべきは以下の五点である。

まず第一は、佐竹秀義を攻めたものの、奥州花園城に追いやるという不十分な追討策であったことである。その結果、金砂合戦後も常陸・上野国らで佐竹氏の残党やそれに与する武士団の抵抗を生み出すことになった。

第二は、佐竹氏の残党十余人を捕らえたものの、「平氏追討の計を閣《さしお》きて、御一族を亡ぼさるるの条、はなはだ不可なり。国敵においては、天下の勇士、一揆の力を合わせ奉るべし。而るに誤り無き一門を誅《ちゅう》せられれば御身の上の讎敵《しゅうてき》は誰人に仰せて対治されるべきや」と頼朝の佐竹攻めを批判した岩瀬与一太郎《いわせよいちたろう》を、上総広常らの「謀叛の疑いがあるので誅すべきである」という進言を無視して許し、かつ御家人に取り立てていることである（『吾』治承四年一一月八日条）。

第三は、合戦後、鎌倉への帰路の際、「便路《びんろ》」という理由で、常陸国府から筑波山を越えて小栗御厨《おぐりのみくりや》を本拠とする小栗重成《しげなり》の八田《はった》館に入御していることである。詳細は後述するがこの行程は「便路」とはいえない。頼朝のなんらかの政治的意図が働いていると考えるべきである。

第四は、その帰路、今度は葛西御厨に本拠をもつ葛西清重に武蔵国丸子荘《まりこのしょう》を与えるとともに、その宅に泊まっていることである。

そして第五に、頼朝はまだ鎌倉に戻らず、さらに武蔵国府に入り、土肥実平《どひさねひら》に武蔵国内の寺社への狼藉《ろうぜき》の停止を命じている。

前半戦で佐竹秀義を討滅できず奥州花園城へ追いやったという不徹底さに比べると、後

表8　金砂合戦略年表

| | |
|---|---|
| 治承四年一〇月二〇日 | 富士川の合戦 |
| 一〇月二一日 | 頼朝、千葉常胤・上総広常らの意見により、上洛せず佐竹義政・秀義を討つことを聞き入れる |
| 一〇月二七日 | 佐竹追討軍、鎌倉を出発 |
| 一一月　四日 | 頼朝、常陸国府に到着する |
| 一一月　五日 | 佐竹秀義は金砂城に籠もるが、兄の義政は頼朝のもとに参向し、頼朝の命を受けた上総広常によって大矢橋で討ち取られる |
| 一一月　六日 | 佐竹義季の手引きによる上総広常の奇襲により、金砂城が陥落する |
| 一一月　七日 | 広常が金砂城を焼く。佐竹秀義は奥州花園城に逃れたとの風聞あり |
| 一一月　八日 | 鎌倉軍、頼朝のもとに戦果を報告する<br>佐竹秀義の旧領奥七郡ならびに太田・額田・酒出等が収公される<br>岩瀬与一太郎等、佐竹氏の家人十余名が捕らえられ、頼朝に尋問される<br>佐竹追討に異を唱えた岩瀬与一太郎は許され、御家人に取り立てられる。鎌倉への帰途、頼朝は小栗重成の小栗御厨の八田館に入る |
| 一一月一〇日 | 葛西清重に武蔵国丸子荘を与え、今夜清重宅に止宿する。清重は妻女に頼朝の御膳を備えさせた |
| 一一月一二日 | 頼朝軍は武蔵国に到着した |
| 一一月一四日 | 土肥実平が武蔵国の寺社に向かい、寺社への狼藉を停止するように命じる |
| 一一月一五日 | 武蔵国威光寺は源氏数代の御祈禱所であるので、院主増円伝領の僧坊・寺領 |

| | | |
|---|---|---|
| | | の年貢を免除する |
| | 一一月一七日 | 頼朝が鎌倉に帰る |
| | 一一月一九日 | 武蔵国長尾寺(威光寺)を頼朝の弟禅師全成に与える |
| | 一二月　三日 | 上野・常陸で頼朝に叛く輩が現れているという(『玉葉』) |
| 治承五年 | 二月　二日 | 「常陸国勇士等」が頼朝に叛き、追討軍を退けるという(同前) |
| | 二月　三日 | 頼朝が常陸国を攻め、再び追い返されるが、ついに平定したという(同前) |
| | 四月二〇日 | 佐竹隆義のもとに頼朝追討の院庁下文が下り、合わせて「常陸守」に任じられる。その後、隆義は頼朝軍と戦うが敗れて奥州に逃れる（『延慶本平家物語』） |
| | 四月二一日 | 「佐竹之一党三千余騎」が常陸国に籠もるという(『玉葉』) |

高橋修二〇〇七より、「金砂合戦とその後の経過」を元に加筆修正した。出典の注記のない事項はすべて『吾妻鏡』による。

半戦はすぐに鎌倉に帰らず、さまざまな施策を行っていることがわかる。これらの施策のもつ意味について次に検討しよう。

## 岩瀬氏の処遇と小栗御厨への入部

順序は逆になるが、まず第三の、鎌倉への帰路「便路」という理由で小栗御厨に行き、小栗重成の八田館に入っている意味から考えよう。図20をみると明らかなように、鎌倉への帰路の途中、常陸国府

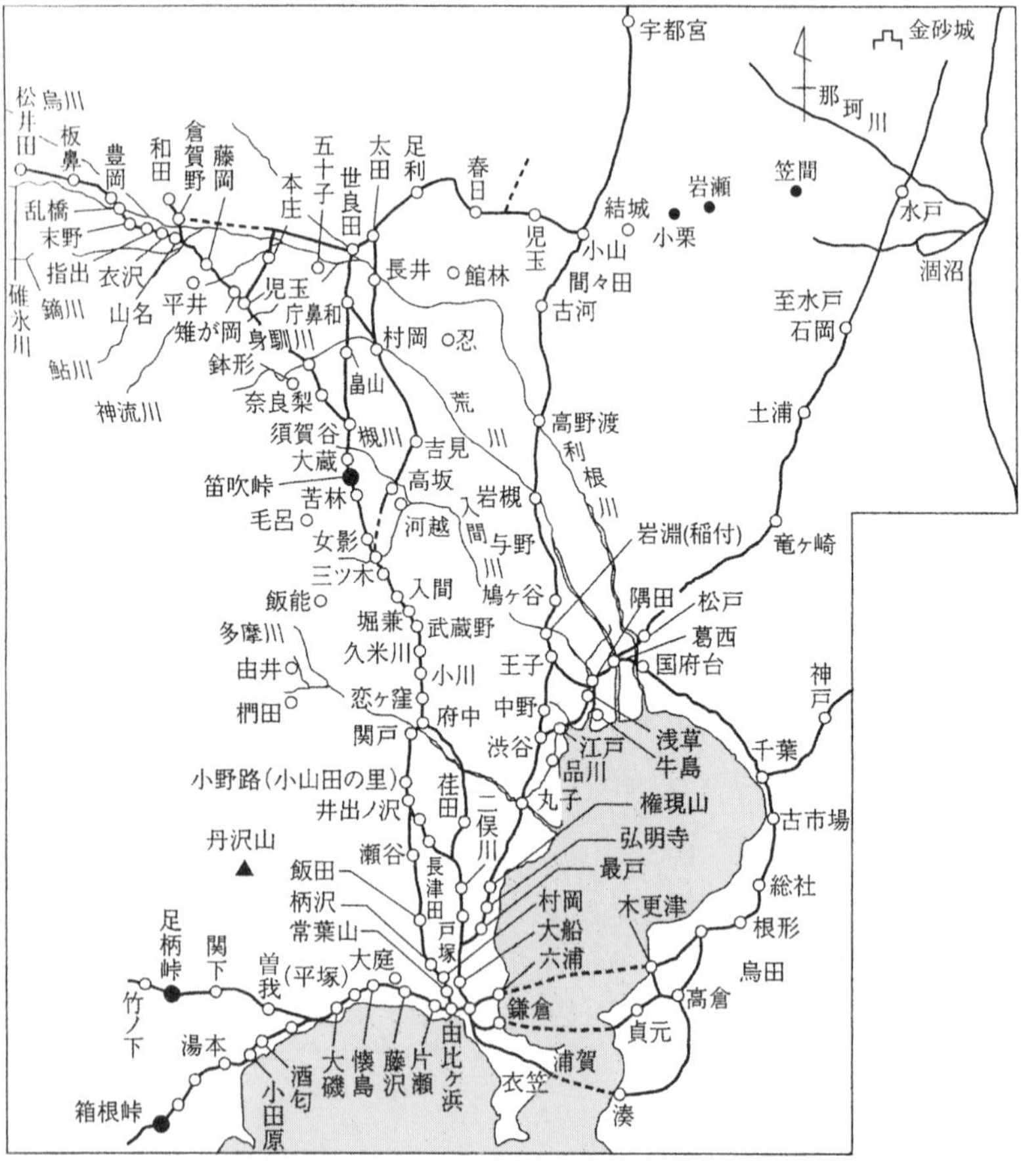


図20　鎌倉街道と岩瀬・小栗の位置（齋藤2010に部分加筆）

のあった現石岡市から小栗に行くのはどうみても「便路」とはいえないし、方向としては逆ともいえる。それにその中間には筑波山がそびえている。

では、頼朝がわざわざ小栗御厨に赴いた理由はなんであろうか。私は小栗御厨の地理的・政治的位置にあるのではないかと考える。小栗御厨は、茨城県西部といっても栃木県との県境に近く、同県東部に位置する小山《おやま》市とは直線距離で二〇キロほどのところに所在する。これまで何度か指摘してきたように、小山は、碓氷《うすい》峠を越えた東山道が北関東を縦断して東進し、いわゆる鎌倉街道中道と合流する地点であり、合流した街道はさらに北上して白河の関を経由して奥州に至る奥大道《おくのおおみち》に接続する、北関東・奥羽における交通上の重要な結節点であった。

すなわち、小栗御厨はこの北関東の交通上の重要地点である小山のすぐ東側に位置するという、これまた重要地点であったのである。新田氏や足利氏、やや距離的には離れているが宇都宮氏など、北関東の豪族的武士団の動静を知る上でも、かつ彼らの活動を押さえる上でも格好の地域であった。だからこそ、頼朝は「便路」と称してわざわざ小栗御厨に入部したのであろう。

小栗御厨への入部をこのように理解できるとすると、第二で指摘した岩瀬与一太郎への特別な処遇も理解できるのではないだろうか。岩瀬氏は小栗御厨の東隣に所在した蓮華王《れんげおう》院領《いん》中郡荘《ちゅうぐんのしょう》の中心地域である岩瀬（現桜川市岩瀬）を本拠とした武士だったからである。すなわち、頼朝は、小栗氏と岩瀬氏、いいかえれば小栗御厨と中郡荘岩瀬を支配下に収めることによって、下野国との国境でかつ交通上の要衝であった常陸国西部を掌握するという政治的意図を実現しようとしたのだと考えられる。ここに、頼朝の佐竹攻めを批判し、千葉広常らから「謀叛の疑い」あり、と非難された岩瀬与一太郎を許し、さらに御家人に取り立てた頼朝の政治的意図があったのである。また、『吾妻鏡』がこの岩瀬与一太郎の処遇と小栗御厨入部とを一日違いの記事として掲載しているのも、この二つの事柄に密接な関連性があったことを想定させる。

## 金砂合戦の政治的意図

岩瀬氏・小栗氏に対する頼朝の処遇の意味を以上のように考えることができるならば、第一で指摘した佐竹氏追討の不徹底さも理解できるのではないだろうか。もちろん、佐竹氏を徹底的に壊滅させることは、頼朝だけでなく千葉氏・上総氏らにとっても最良の結果であったと考えるが、しかし、合戦の実際をみると、奥州花園城へ追い出したものの、彼らを追って壊滅させるという計画すら確認できない。その上、合戦終了後も常陸国内で佐竹氏やそれに与する武士団の抵抗がたびたび起こっていることを考えれば（表8参照）、佐竹攻めの第一の目的が、金砂城を破壊して佐竹氏を追い出して、金砂城より南部＝那珂川《なかがわ》以南の常陸国を支配下に収めることにあったと思わざるを得ない。

図20をみると明らかなように、那珂川の河口から笠間・岩瀬・小栗そして小山はほぼ一直線にならび、それらは八溝山地《やみぞさんち》の最南端を画していたのである（現在のJR水戸線、国道五〇号線の経路とほぼ一致する）。そして、このラインの北側は佐竹氏の勢力が強かった常陸国「奥七郡《おくしちぐん》」そのものであった。

このような理解を補強してくれるのが鈴木哲雄氏の平将門《まさかど》の乱に関する評価である（鈴木一九九四）。鈴木氏は、新皇将門が構想した「国家」は南は相模川＝相模湾地域、北は平貞盛《さだもり》や藤原為憲《ためのり》らを討つために常陸国那珂郡、久慈《くじ》郡、すなわち、那珂川＝涸沼《ひぬま》地域へ発向することによって画定した、と述べ、さらに「那珂川＝涸沼地域は、奥羽と坂東の境界領域でもあった」と評価している。私は、頼朝の佐竹攻め＝金砂合戦の政治的意図の背景には、将門と同じような境界認識があったと思うのである。

やや結論めいてしまうが、武田氏ら甲斐源氏の活躍があったとはいえ、頼朝は追討軍を破って関東の西の境界である東海道沿いの黄瀬河《きせがわ》宿を確保することに成功した。その対比で考えるならば、頼朝は東の境界も押さえる必要性があったのである。それも富士川の合戦では主導権を武田氏らに奪われた頼朝としては、自ら率先して佐竹攻めを行うことによって源氏武士団の棟梁としての権威を回復する必要があったのである。那珂川・涸沼地域（現水戸市付近）という東の境界を押さえること、源氏の棟梁としての地位を確実なものにすること、ここに頼朝の佐竹攻めの政治的意図があったのである。このような政治的意図を背景にした合戦が千葉氏や上総氏らの思惑に引きずられて実行されるわけがない。高橋修氏や宮内教男氏のいうように、頼朝の主体性・積極性に基づいて行われたことは間違いないのである（高橋二〇〇七、宮内二〇一〇）。

## 小栗・岩瀬地域の鎌倉街道

金砂合戦における小栗・岩瀬地域の重要性を指摘したが、実はこの地域の重要性を示す新たな発見があった。それは、この地域に「鎌倉街道」の地名と街道の遺構および伝承が複数確認されたことである。二〇一五年三月に刊行された『茨城県歴史の道調査事業報告書中世編「鎌倉街道と中世の道」』の「7　筑西市・桜川市の鎌倉街道」を執筆した宇留野主税氏によると、現在、この二市の以下の三路線で鎌倉街道の存在が確認されるという（図21参照。宇留野二〇一二）。ともに、鎌倉街道中道《なかつみち》、同下道《しもつみち》へとアクセスする支道であると想定されている。

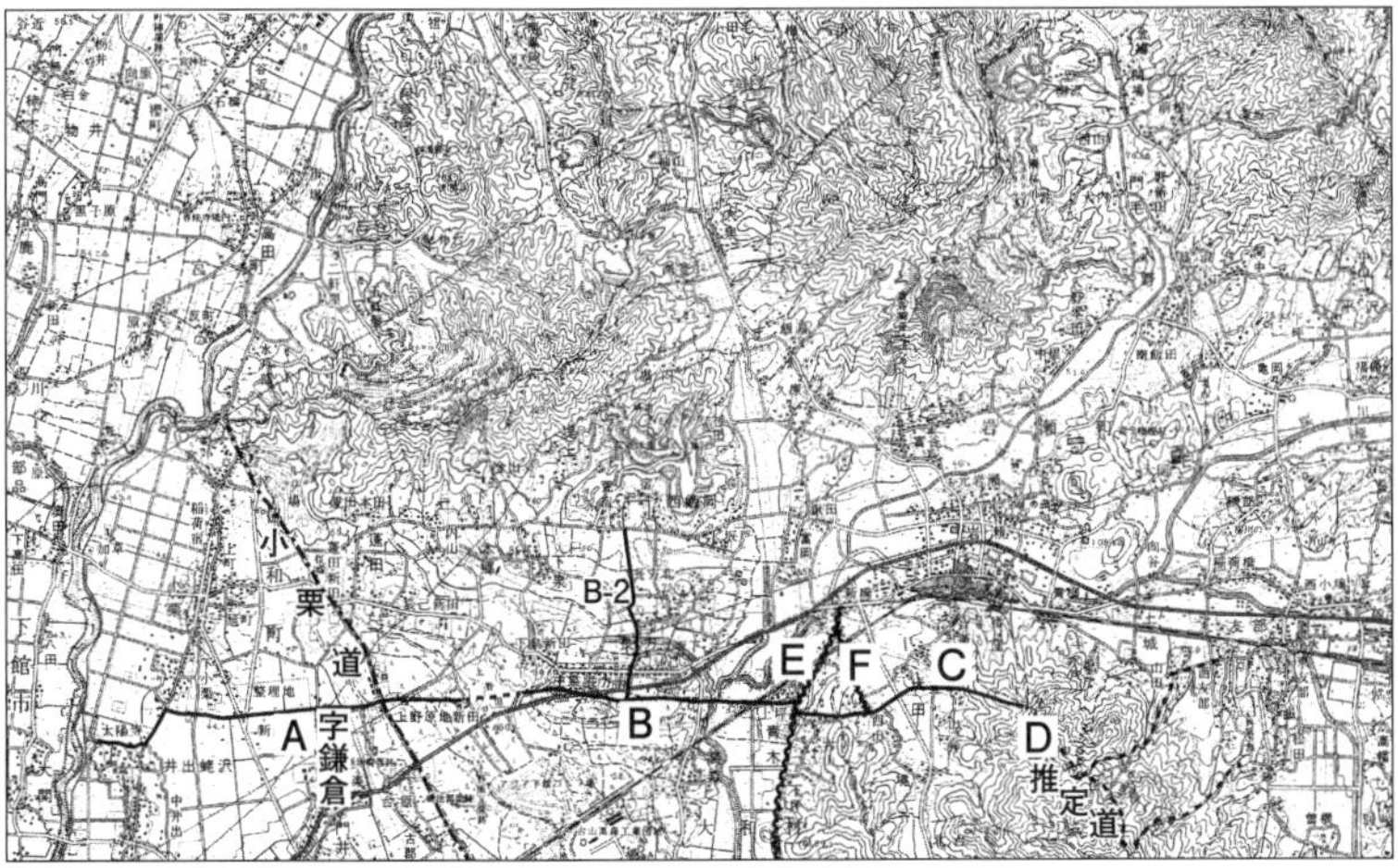


図21　小栗・岩瀬地域の「鎌倉街道」（木村2014）

一本は「小栗犬田線」（路線名は仮称）で、図21のA～Cに相当し、小《こ》貝川《かいがわ》東岸の太陽《たいよう》寺《じ》跡《あと》から長方の南側を経由して岩瀬の南の御《み》嶽神社《たけじんじゃ》まで東西に延びる路線である。二本目は、図21のEの「青木羽田線」で、岩瀬西部の足利橋から桜川市役所大和庁舎付近まで続く南北の路線である。三本目は、「青木犬田線」で同じくFで、南下して路線Cに接続する。

これらを確認した上で、宇留野氏はこの地域の鎌倉街道の特徴および現況として次の六点を指摘している。

一、直線的な路線が中心で、道幅は三～六メートル前後。

二、路線近くに町場（宿）、城館、寺社

が確認できる。小栗城と宿、坂戸城《さかどじょう》と宿、青木宿、橋本城、太陽寺跡、犬田神社、宝蔵寺など。

三、古代・中世遺跡が点在し、古代・中世道と推定される小栗道が交差する。

四、東西道と南北道とがあり、両者は青木・犬田の地境付近で接続する。

五、低湿地を避けた路線設定になっており、移動も早く、荷物を乗せた馬や牛も通りやすい設定。雨天などの自然条件の受けにくい路線ともいえる。

六、平安〜中世の源氏伝承、鎌倉権五郎《かまくらごんごろう》伝承が両市内に比べて集中する地域といえる。多田満仲《ただみつなか》―長徳寺跡、源頼義・佐竹義宣《よしのぶ》―鴨大神御子神主玉神社《かものおおかみのみこかみぬしたま》、源義家・佐竹氏―犬田神社、源頼義・義家―羽黒神社、鎌倉権五郎―上城地区の御霊様など。

以上、宇留野氏の成果を簡単に紹介したが、これだけでも小栗・岩瀬地域の重要性を理解していただけるのではないだろうか。と同時に、この地域における鎌倉街道の地名・遺構・伝承の存在は、下野国まで東下してきた東山道に接続する街道、すなわち小山からそのまま東に向かい、小栗・岩瀬さらに笠間を経由して那珂川・涸沼地域付近で鎌倉街道下道と合流するという、常陸国の中央部を東西に貫通する街道の存在を十分予測させてくれる。

以上、頼朝の佐竹攻めの政治的意図を再確認しておきたい。

## 葛西御厨と丸子荘

話題が金砂合戦からそれたが、頼朝は小栗氏の八田館に止宿した後、一〇日に葛西清重の本拠である葛西御厨に戻り、そこで宿泊した。問題は、小栗御厨から葛西御厨へのルートであるが、高橋修氏は前掲『茨城県歴史の道調査事業報告書中世編「鎌倉街道と中世の道」』に所収された総論「茨城の鎌倉街道と中世道」で、小栗御厨からの帰路も鎌倉街道下道《しもつみち》を用いたと指摘されている。

しかし、先ほども紹介したように、頼朝は「便路」と称して小栗御厨に向かっている。「便路」とは便利な道、都合の良い道という意味であろうから、鎌倉に帰るのに便利な道を用いて小栗御厨に行ったにもかかわらず、その道をふたたび戻って、常陸国府から鎌倉街道下道を用いたというのはどうしても理解できない。ここでは、小栗が鎌倉街道中道《なかつみち》との結節点であった小山に近かったことを勘案して、中道を利用して葛西御厨に入ったと考えておきたい。

当時の鎌倉街道中道の実相については不明な点が多いが、後述する寿永二年（一一八三）の野木宮《のぎみや》合戦において、志太義広《しだよしひろ》の反乱を防ぐために下河辺氏らが「古河《こが》の渡」と「高野《たかの》の渡」を押さえていることに注目する必要がある。なぜなら、高野の渡は中道が古利根川を渡る重要な渡河点であり、古河の渡は現古河市付近の渡河点であったと考えられるからである。二つとも中道が通過する渡河点であった。また、志太義広は小山氏・下河辺氏らに敗北した後、東山道を経由して京に上り源義仲に合流していることも、野木宮から中道を通って東山道に抜けたことが想定される。

これらのことは、鎌倉街道上道《かみつみち》との比較はできないが、この時期に中道がそれなりに整備されており、東山道・奥大道と接続する役割を担っていたことを示していよう。

しかし、頼朝が中道を利用して葛西御厨に向かったという考えには、現在の鎌倉街道の復元図によれば葛西が下道に属しているという難点がある。しかし、当時の鎌倉街道が現在の復元図のようなルートに固定されていたとは考えられず、とりわけ現在の復元図でも、北区王子以南の中道は複数の支道が想定されているから、中道を利用して葛西御厨に入った可能性も十分あるように思う。推測を重ねてしまったので、本題に戻ろう。

一〇日、葛西清重の宅に宿泊した頼朝は、清重に丸子荘《まりこのしょう》を与えている。清重が金砂合戦で特別の働きをしたことは確認できないから、これも頼朝のなんらかの政治的意図の反映であると思われる。

ところで、丸子荘は多摩川下流域の現川崎市中原区上・中丸子と東京都大田区下丸子付近に比定されていることから（図20参照）、清重は江戸湾東岸の葛西御厨の安堵と同西岸の丸子荘をあてがわれることによって、多摩川、隅田川、江戸川とを連絡する陸上交通と、それら河川と海との水上交通を監視することを命じられたのではないか。すなわち、頼朝は信頼のおける清重に、江戸湾の東と西との出入り口を監視させたのである、と評価されている（谷口二〇一二）。葛西御厨と丸子荘の地理的位置関係を踏まえた首肯すべき評価であろう。

私なりにいいかえると、富士川の合戦と金砂合戦で、駿河国黄瀬河《きせがわ》宿から常陸国那珂《なか》川・涸沼《ひぬま》までという関東の東西の大領域を手中にした頼朝は、葛西御厨と丸子荘を葛西氏に与えることによって、その内部の基本的な支配領域である江戸湾岸—武蔵国南部の東と西の領域を画定しようとしたのではないだろうか。

## 武蔵国府の善政

頼朝は葛西氏の宅から鎌倉に帰らず、一一月一二日、武蔵国府に向かっている。そして、一四日には、土肥実平を国内の寺社に派遣して、諸人が寺社の清浄地に乱入し狼藉することを停止させ、翌一五日には、武蔵国威光寺《いこうじ》は源家数代の祈禱所であるとして、院主増円《ぞうえん》が伝領した僧坊や寺領の年貢を免除している。さらに、これは頼朝が鎌倉に戻ってからのことだが、長尾寺（前記の威光寺）を頼朝の弟全《ぜん》成《じょう》に安堵《あんど》し、先例のとおり「祈禱の忠」を尽くすように命じている（一九日）。また、一二月一四日には、北条時政と土肥実平を奉行として、武蔵国住人の本知行の地主職を安堵させている。これまでも勲功のあった者への個々の安堵は確認できるが、このような、国の住人一般という形で本領の「地主職」が安堵された事例は確認できない。

話を前に戻すと、頼朝が武蔵国府での「善政」を終え、ようやく鎌倉へ戻ったのは一一月一七日のことであった。佐竹攻めに鎌倉を出発してから二一日目、金砂合戦に勝利し常陸国府を発ってから一〇日目のことであった。実はその一〇日間のうち五日間を頼朝は武蔵国府に滞在していたのである。そして右記のような「善政」を行っているのである。武蔵国に対する頼朝の政治的配慮が尋常でないことが理解できよう。

頼朝の意図はどこにあるのであろうか。二つあると考える。一つは、葛西重清に葛西御厨と丸子荘を支配させることによって武蔵国の海岸線の東と西とを押さえるとともに、武蔵国府で善政を施すことによって、武蔵国府を中心に東の葛西御厨、西の丸子荘という武蔵国南部の支配領域を確定しようとしたことである。二つ目は、谷口榮氏も指摘しているが、挙兵時の房総半島を経由して「武蔵国入り」した故実《こじつ》の再現を意図したものであったと考えられることである。挙兵後武蔵国に入ったのは一〇月二日で、今回の善政は一一月中旬である。時間的にはそれほど過去の話ではないから「故実」とはいえないかもしれないが、その時の秩父平氏の抵抗などを考えると、頼朝は武蔵国府を重視せざるを得なかったのであろう。

さらにいえば、頼朝の構想としては、関東支配の拠点を武蔵国府に置くという考えがあったのではないだろうか。葛西清重宅に止宿した後、鎌倉街道下道を使えばそのまま鎌倉に戻れたはずである。にもかかわらず武蔵国府に立ち寄り五日間もかけて善政を施しているのは、頼朝のそのような意図の表れではないだろうか。

総じて、富士川の合戦から金砂合戦の遠征は、頼朝の初期関東支配の政治的思惑を実現する遠征であったということができよう。広くは関東の西の入り口である黄瀬河宿と奥羽との境界である金砂城と小栗御厨の掌握、狭い範囲としては武蔵国府を中核に東の葛西御厨と西の丸子荘という領域の掌握を実現することによって、初期頼朝政権の権力基盤を構築することに成功したのである。

# 北関東の政治情勢

**義仲の挙兵と西毛入り**

頼朝が権力基盤としての南武蔵を掌握していたころ、北関東はまだ政治的に不安定な状況であった。まず、北関東を代表する豪族的武士団で、かつ源氏の一族であった新田義重《よししげ》は、「東国いまだ一揆せざるの時に臨み、故陸奥守の嫡孫を以て、自立の志を挿《さしはさ》」んで頼朝の誘いにのらず、「上野国寺尾城に引き籠もりて軍兵を聚」めるという状況であったことは前述した。また、同じく豪族的武士団の足利俊綱《としつな》は「平家の方人《かたうど》として」、「源家に属する輩が居住」するという理由で、上野国府を焼き払うという行動さえ起こしている（『吾』治承四年九月三〇日条）。

さらに、一〇月一三日には源（木曽）義仲が、父義賢の誼《よしみ》を通じて信濃国から上野国の西部（西毛）に入り、先の足利俊綱の乱暴に対して「恐怖の思いを成すべからず」と下知したため、「住民らが（義仲と）漸《ようや》く和順をなした」という事態が起きている。しかし、義仲の西毛工作は上手くいかなかったようで、同年一二月二四日には信濃国に戻っている。その理由を『吾妻鏡』は「武衛《ぶえい》（頼朝）の権威、已《すで》に東関に輝く」と記しているが、金砂合戦を終えて鎌倉に戻ったのが一一月一七日であるから、この時期、頼朝がすでに北関東まで掌握していたとは到底考えられない。『吾妻鏡』編纂時の評価が加っているといえよう。義賢の西毛からの撤退は、新田氏、足利氏ら北関東の豪族的武士団の勢力を切り崩すことができなかったためと考えるのが順当であろう。

この評価はさておき注目しなければならないのは、義仲の西毛工作は上手くいかなかったと記したが、にもかかわらず、前述のように、義仲軍には瀬下《せしも》氏、多胡《たこ》氏、高山氏ら西毛の武士団を中心に桃井氏、那波《なわ》氏、佐位《さい》氏ら上野国の武士団が参加していた事実である。北関東の政治的不安定は依然続いていたのである。

## 野木宮合戦

その北関東の政治的不安定性を如実に示したのが野木宮《のぎみや》合戦である。野木宮の合戦とは、寿永二年（一一八三）年三月に、源為義の子、頼朝の叔父である志太義広《しだよしひろ》が頼朝に反旗を翻して、下野国小山の南に位置する下野国野木宮（栃木県

図22　野木神社（野木町提供）

下都賀郡野木町）付近で小山朝政《おやまともまさ》や下河辺行平《しもこうべゆきひら》らと戦った合戦のことである。結論的になるが、小山氏や下河辺氏に鎮圧された義広は逃れた後、京都で義仲軍に加わっていることが確認できるから（『吾』元暦元年五月一五日条）、義広の意図は直接鎌倉に向かうのではなく、頼朝への反旗を明確にしながら、義仲との連携を目指すところにあったということができよう（高橋一樹二〇一三）。

この合戦をめぐってはその年次を中心にいくつかの説が出されている。というのは、『吾妻鏡』はこの合戦を養和元年（一一八一）閏二月のこととするが、同じく『吾妻鏡』建久三年（一一九二）九月一二日条に引用されている同日付「将軍家政所《まんどころ》下文《くだしぶみ》」に、

去る寿永二年、三郎先生義広、謀叛を発し、闘乱を企つ。爰《ここ》に朝政（小山）偏《ひとえ》に朝威を仰ぎ、独り相禦《ふせ》がんと欲す。即ち官軍を待ち具し、同年二月二三日、下野国野木宮の辺にお

いて合戦するの刻、抽《ぬき》んでて以て軍功を致し畢。

とあって、この合戦を寿永二年（一一八三）と記しているからである。

これを発見した石井進氏は他の傍証も用いながら、これは『吾妻鏡』編纂時の切り貼りの間違いで、養和元年ではなく寿永二年が正しいと論じた（石井一九六二）。

それに対して、最近菱沼一憲氏は、「切り貼りの間違い」とは決めがたく、『吾妻鏡』の養和元年でよいとして論を展開している（菱沼二〇一五・二〇一六）。

ここは両者の説について詳細に検討する場でもないので、それは別に行うことにして、石井氏が例示したように、寿永二年八月の「御下文」に任せて、小山朝政の下野国日向野《ひむかの》郷の安堵を認めた建久三年九月一二日付将軍家政所下文（『鎌倉遺文』六一八号）と「所々地頭職《じとうしき》の領掌《りょうしょう》」を認めた同日の源頼朝下文（『同』六一九号）が残存しており、かつ頼朝が房総半島、武蔵国を経由してようやく鎌倉に入ったのが治承四年（一一八〇）一〇月六日であったから、翌年の養和元年閏二月段階で頼朝と義仲との対立関係が決定的なものになっていたとは考えにくい。とすると、志太義広が頼朝に反旗を翻し、義仲の味方に着くために挙兵したのは寿永二年二月と考えた方が妥当性は高いように思われる。以下のこの立場で論を進める。

ところで、義広は本拠地の常陸国信田荘《しだ》（現茨城県稲敷市―霞ヶ浦の南岸）を出て下野国を目指したのだが、この間、頼朝は小山朝政と下河辺行平に追討を命じ、一方、義広は平家方であった足利忠綱を頼るとともに、朝政にも味方になるよう働きかけた。朝政は「老軍」の計略に従い味方すると返事した上で本宅を出て野木宮辺に籠もり、義広軍を待ち伏せ、登々呂木沢《とどろきさわ》・地獄谷らで合戦となった。朝政は矢に当たり落馬したが弟の宗政《むねまさ》の参戦によって助かり、義広を退かせた。一方、下河辺行平らは古河・高野らの渡を固め、足利有綱らは小手指原《こてさしがはら》・小堤《こつづみ》らで合戦した。そして形勢不利と判断した義広は逃亡し、東山道を経由して義仲軍に加わったとみられる。

これが野木宮の合戦の概略であるが、義広が信田荘から野木宮まで出張ってくるには、利根川東岸の土浦《つちうら》・下妻《しもつま》を経由して古河付近に出て野木宮に至るという経路が想定できる。前述のように、古河の渡は鎌倉街道中道の渡河点の一つであるから、義広は古河まで北上しここからは中道を通って野木宮まで出たのであろう。そして、小山氏や足利氏を糾合して東山道を利用して義仲軍に合流するというのが義広の計画ではなかったろうか。

しかし、小山氏の計略にあい、その計画は実現されなかった。また、合戦の際、義広らの残党が逃れてくるのを防ぐため、下河辺氏らが古河の渡とともに高野の渡を押さえていることも興味深い。高野の渡は古河の渡の南西に位置し、中道が古利根川を渡る渡河点であったから、この二つの渡が鎌倉街道中道の重要な防衛地点であったことを示している。『茨城県歴史の道調査事業報告書中世編「鎌倉街道と中世の道」』（茨城県教育委員会二〇一五）の「8　結城市・古河市周辺の鎌倉街道」（内山俊身氏執筆）には複数の鎌倉街道中道の遺称・遺構の存在が報告されているが、この報告を前提にした今後の調査・研究によって、野木宮合戦の実態もいっそう明確になることを期待したい。

ともあれ、野木宮の合戦は、依然北関東とりわけ東山道が政治矛盾の舞台であったことを如実に示している。

# 巨大都市平泉と頼朝政権

## 奥州合戦の政治史

# 頼朝の政治——動かぬ頼朝

## 動かぬ二つの理由

治承四年（一一八〇）一一月一七日、富士川《ふじかわ》の合戦、金砂《かなさ》合戦を終えた頼朝は約一ヵ月ぶりに鎌倉に入った。そして、頼朝はこの以後、義経《よしつね》が源行家《ゆきいえ》と反旗を翻したことを知って黄瀬河宿まで兵を動かした時以外は、ほとんど鎌倉周辺を出ることがなかった。この間の「動かぬ頼朝」の政治状況について考えてみよう。

この時期、頼朝が動かなかった要因を語った史料として有名なのが『玉葉《ぎょくよう》』寿永二年（一一八三）一〇月九日条である。九条兼実《くじょうかねざね》が静賢《じょうけん》法印と世間のことを話し合っていたところ、頼朝の使者がきて、すぐに上洛できない理由をいってきたというのである。そこには、

> 一ハ秀平（衡）・隆義（佐竹）ら、上洛の跡に入れ替わるべし。二ハ数万の勢を率い入洛せば、京中堪うべからず。此の二つの故に依り上洛を延引す。

とあった。ここから、頼朝は上洛できない理由として、一つには上洛の後を藤原秀衡《ひでひら》と佐竹隆義《たかよし》に襲われる危険性があることと、もう一つは、養和元年（一一八一）〜寿永元年（一一八二）がいわゆる「養和の大飢饉」の最中だったため、「飢饉の最中に、大軍をもって上洛すれば京中が混乱するだけだ」ということをあげていたことがわかる。このような頼朝の態度に対し、兼実は「威勢厳粛、その性強烈、成敗分明、理非断決す」と絶賛している。

養和の飢饉をめぐる頼朝と兼実の駆け引きについてはさておき、頼朝が上洛できない理由に、金砂合戦で常陸北部へ追いやった佐竹隆義と奥州藤原氏の結託の危険性があったことは注目してよい。だからこそ、頼朝は鎌倉を動かず、いや動くことができず、範頼《のりより》や義経、さらに北条時政《ほうじょうときまさ》らの代官を通じて朝廷との交渉を繰り返さざるを得なかったのである。

## 寿永二年一〇月宣旨

寿永二年（一一八三）七月、平氏が源義仲《よしなか》の圧力に押されて西海に逃れ、それを追うように義仲軍が入京したものの、義仲軍の強引な政治介入と京の治安の混乱に業《ごう》を煮やした後白河院や朝廷の頼朝に対する期待は大きくなり、再三の上洛要請が届いた。しかし、頼朝はそれに応えず、逆に次のような三ヵ条の提案をした（『玉葉』寿永二年一〇月四日条）。

①押領《おうりょう》されている神社仏寺領を元のように本所《ほんじょ》に返付すること。

②押領されている院宮王臣家領《いんぐうおうしんけりょう》も元のように本所に返付すること。

③平家の郎従らであっても斬罪を免ずること。

頼朝が寺社や王家、貴族層にとって敵ではないこと、平氏と義仲軍の乱暴によって混乱に陥っている平安京の治安回復を強烈に主張したものといえよう。当然、治安の回復を願う貴族たちは大歓迎であった。さらに、頼朝は、②においてこれらの所領を頼朝が領有してしまえば人々の歎きは平家と同じである、とか、③で自分が勅勘《ちょっかん》を蒙《こうむ》り事《こと》に坐《ざ》したけれど命を助けられ、今は朝敵（平氏）を討つまでになった、という自分の過去と照らして、その助命を請うことを忘れていなかった。頼朝の巧妙さがよく出ている書状といえよう。

朝廷はこの要請に基づいて、一〇月九日には頼朝を平治の乱以前の本位《ほんい》（従五位下）に戻すとともに、一四日にはいわゆる「寿永二年一〇月宣旨《せんじ》」を発した。この宣旨の原文は残っていないが、次のような内容であったと思われる。

東海・東山諸国の年貢、神社仏寺ならびに王臣家《おうしんけ》領の荘園、元のごとく領家に随うべきの由、宣旨を下さる。頼朝申し行うに依るなり。

（『百練抄』寿永二年一〇月一四日条）

先日の宣旨に云わく。東海・東山道らの荘公、服せざるの輩あらば、頼朝に触れ沙汰を致すべしと云々。

（『玉葉』同年閏一〇月二二日条）

両史料の内容は微妙に違うが、合わせて考えるならば、東海・東山両道の荘園や公領を元のように荘園領主や国司の支配にもどすことと、この命令に従わない者は、頼朝に知らせ従わせる、という内容だったと思われる。東海・東山両道の荘園・公領は元のように回復させるが、それは頼朝がこれまで両道で築いてきた軍事的実力を背景にしたものであった。これによって、それまで政治的地位としては反乱軍にすぎなかった頼朝政権はついに正式な「地域権力」として承認されたのである。また、先の本位への復帰（一〇月九日）と合わせて、永暦元年（一一六〇）に頼朝を流罪に処した官符が否定され、流人としての身分からも解放されることになった。

地域権力としての正当性を勝ち取った頼朝は、その年の暮れに、ようやく自分の代官として弟の範頼と義経を義仲追討軍として京都へ派遣した。範頼らは瀬田《せた》・宇治《うじ》の戦いで義

図23　壇ノ浦の合戦（『安徳天皇縁起絵図』より，赤間神宮所蔵）

仲軍を破り、義仲を敗死させた。そうすると朝廷は頼朝に平氏追討の宣旨を発した。この後は、よく知られているように、義経の活躍もあって摂津《せっつ》の一ノ谷《いちのたに》、讃岐《さぬき》の屋島《やしま》の合戦で勝利し、ついに文治元年（一一八五）三月二四日、長門《ながと》の壇ノ浦《だんのうら》の合戦で平氏を破り、追討に成功したのである。

しかし、今度は頼朝と義経の確執が表面化した。頼朝の許可なく検非違使《けびいし》に任命されたことなど、内乱中における義経の専断《せんだん》と頼朝の政治路線との違いなどが原因とされるが、それほど評価は確定されていない。そして、ついに、平氏追討で十分役割を果たしたという自負のある義経は叔父行家とともに反旗を翻すに至る。文治元年一〇月一三日のことである。

## 守護地頭の設置

挙兵し、頼朝追討の院宣《いんぜん》を得た（一〇月一八日）にもかかわらず、味方を得ることができないことを知った義経らは九州へ向けて出京した。この間、父源義朝《よしとも》の菩提を弔い、義朝を復権するための大イベントである勝長寿院《しょうちょうじゅいん》の落《らっ》慶供養《けいくよう》（一〇月二四日）があって動けなかった頼朝は、それが終わるや義経を追討するため兵を黄瀬河宿まで動かしたが、義経らが出京したことを知り鎌倉に戻った（『吾』文治元年一一月一日条、同月八日条）。

しかし、この義経問題を契機に頼朝の院・朝廷への攻勢が強くなる。「頼朝追討宣旨」を発給した後白河院の責任追及である。そのために頼朝は、北条時政を軍勢一〇〇〇騎とともに上洛させた。そして、院の政治責任を追及しながら、義経・行家の追討を目的とする軍事的施策を要求した。その内容は次のようなものであった。

伝え聞く、頼朝代官北条丸《ほうじようまる》、今夜経房《つねふさ》に謁《えつ》すべしと云々。定めて重事らを示すか。また聞く。件の北条丸以下郎従ら、相分ちて五畿・山陰・山陽・南海・西海の諸国を賜わり、荘公を論ぜず、兵粮段別五升を充て催すべし。啻《ただ》に兵粮の催しのみにあらず。惣じて以て田地を知行すべしと云々。凡そ言語の及ぶところに非ず。

（『玉葉』文治元年一一月二八日条）

諸国平均に守護・地頭を補任し、権門勢家荘公を論ぜず、兵粮米段別五升を宛て課すべきの由、今夜北条殿、藤中納言経房卿に謁《えつ》し申すと云々。

（『吾』同年月日条）

『玉葉』と『吾妻鏡』とでは若干の語句の異同があるが、合わせて大意をとると、

①北条時政以下、頼朝の家人に五畿内と山陰・山陽以下の西国の諸国を賜り「守護地頭」に補任すること。

②彼らは荘園・公領を問わず段別五升の兵粮米を徴収する権限をもつこと。

③彼らは国内の田地を知行する権限をもつこと。

となろう。この要求は翌二九日に認可された。これがいわゆる「文治の守護・地頭設置の勅許」といわれるものである。

この時設置された守護・地頭をめぐっては、同時史料として信憑性の高い『玉葉』にその記載がなく、『玉葉』の記事をもとに編集されたと考えられる『吾妻鏡』の記事にしかないことなどから、戦後発表された石母田正氏の論文（石母田一九六〇）以後、さまざまな議論が行われてきたが、近年の大山喬平氏や川合康氏の研究によってほぼ決着がついたといえる（大山一九七六ａｂ、川合二〇〇四）。

それによれば次のように理解されている。

①の「守護地頭」は「守護と地頭」と理解すべきではなく、「守護の地頭」と読むべきで、したがってこの時設置が認められたのは「国」を単位とした「国地頭」である。したがって、この「文治の勅許」とは、「義経・行家との戦争を想定して、畿内・西国の諸国に「国地頭」を設置し、各国の国衙機構を掌握して兵粮米の徴収や国内武士の動員を行い、強力な軍事動員体制を再構築するものであった」（川合二〇〇九）。

このように、義経・行家問題を契機に新たに施行された国地頭であったが、義経らの没落が意外に早かったために、国司や荘園領主の反発もあって文治二年半ばには継続が難しくなった。北条時政が七ヵ国地頭職の辞退を申し出るなどして、やがて名称も廃止された。その職務も非常時における軍事動員から平時における国内の御家人の統率に切り替えられ、一三世紀初頭には名称も「守護」に統一されていった。

この守護・地頭の性格の確定も重要だが、頼朝にとっては、「寿永二年一〇月宣旨」で認められた東海道・東山道に対する支配権を大きく超えて、守護・地頭の設置という軍事的な側面ではあったとしても、全国的な支配権を認められたことの意味は大きい。

### 朝廷人事への介入

さらに頼朝の攻勢は続く。一二月に入ると、朝廷の人事への介入を行う。それは頼朝派公卿《くぎょう》による朝堂《ちょうどう》を作るところに狙いがあった。まず、右大臣九条兼実を筆頭に「議奏《ぎそう》公卿」一〇名を決定し、彼らの議奏によって国政を運営することを要求し、次いで義経らに荷担し頼朝追討宣旨を出した公卿らの解官《げかん》、最後にそれまであった院・朝廷と幕府との連絡係である「院伝奏《いんのてんそう》」とは別に「関東申次《かんとうもうしつぎ》」を設置し、親幕派の藤原経房《つねふさ》を任命する、というものであった（『吾』文治元年一二月六日条）。わずか三年前に東海・東山両道の軍事支配権を認められたにすぎない地方政権が、平家追討と義経問題を巧みに政治利用して朝廷の人事に介入するまでに勢力を強化させたのであった。

守護・地頭の勅許および朝廷人事への介入という二つの事柄は、内乱と軍事力を背景にした「頼朝の政治」の一つの達成を示していよう。

そして文治二年の後半には、義経の郎党らが逮捕・処罰されて、「天下落居」の雰囲気が目立つようになった。後白河院が文治三年（一一八七）三月に保元の乱以来の戦死者の追善《ついぜん》供養を行うように高野山に命じているのもその表れであろう（文治三年三月六日後白河法皇院宣〈『鎌倉遺文』二一七号〉）。

## 平泉政権への圧力

義仲政権・平氏政権を倒し、守護・地頭を設置する権限も獲得し、さらに朝廷の人事介入まで行える実力をつけた頼朝にとって、次の課題は、上洛の大きな妨げになっていた奥州平泉政権へ圧力をかけることであった。

朝廷への人事介入前後より、頼朝の奥州藤原氏＝平泉政権への強硬姿勢が目立つようになる。たとえば、文治二年（一一八六）四月、頼朝は藤原秀衡に書状を送り、平泉政権が朝廷に送っていた貢金・貢馬を今後は鎌倉を経由して行うよう要求した。五月の時の詳細は不明だが、一〇月には金四五〇両と馬五頭が確かに鎌倉を経由して京都へ送られた（『吾』同月一日・三日条）。また、翌文治三年四月には東大寺大仏の鍍金《ときん》のために砂金三万両を提出するよう朝廷を通じて働きかけている。

そういうなかで、文治四年二月ごろ、逃亡中の義経が藤原氏を頼って平泉にいることが発覚した。しかし、頼朝は、この年、自分の厄年であったことと亡母供養のための五重塔建立もあって、一年間の殺生禁断中であったため動くことができなかった。そのため、朝廷を通じて藤原秀衡の子泰衡《やすひら》に義経を差し出すように要求している。朝廷は同年の二月に宣旨と院庁下文《いんのちょうくだしぶみ》を、一〇月にはふたたび宣旨を発したが（『吾』同年四月九日条、同年一〇月二五日条）、泰衡はそれに応じなかった。二月には宣旨と院庁下文が発布されるという念の入れようである。

参考までに両者の書き出し部分を紹介すると次のようである。

A：二月二一日　宣旨

出羽守《でわのかみ》藤原保房《やすふさ》、東海東山両道の国司幷びに武勇の輩に仰せて、その身を追討せられんことを言上す、源義経及び同意者ら、当国に乱入し、毀破《きは》せる旧符を以て偽りて当時の宣旨と号して謀叛を致す事。

B：二月二六日　院庁下文

まさに宣旨の状に任せて、前民部少輔藤原基成《ふじわらのもとなり》幷びに秀衡法師が男泰衡らをして、且《か》つは義経の身を召《め》し進《まい》らせ、且つはまさに国司及び荘役使らを受け用いるべきこと。

宣旨では、出羽国に乱入し謀叛を企てている義経と同意者を、東海道、東山道の国司や武士に追討することを命じており、下文では、義経に与同し匿《かくま》っていると「風聞」のある藤原基成と藤原泰衡に義経を捕らえて召進《しょうしん》することを命じたものである。宣旨と下文を使い分けて、別個の内容を命令している点も興味深いが、宣旨のなかに次のように記されているのも注目される。

普天の下、寰海《かんかい》の内、いづれか王土《おうど》にあらざらん、誰か王民《おうみん》にあらざらん、

「寰」とは「天下」の意であるから、「普天の下、寰海の内」とは「地球上の大地も大海も」という意味になろう。まさに「王土王民」思想である。周知のように、「王土王民」思想が発露されたのは、九世紀後半の新羅海賊船事件と延喜荘園整理令、平将門の乱、そして保元の新制などその時々の重要事件に際してだけであるから（村井一九九五、木村一九九七）、頼朝と頼朝の意志を受けた院、朝廷が義経と平泉政権との結合にいかに危機感をもっていたかがよく示されているといえよう。

それは、それより以前に、奥州藤原三代目の当主秀衡がその死に際して次のような遺言を泰衡・国衡《くにひら》に残したと『吾妻鏡』と九条兼実の日記『玉葉』が伝えていることにも現れ

ている。

今日、秀衡入道、陸奥国平泉館において卒去す。（略）その期《ご》に前伊予守義顕（義経のこと）を以て大将軍として、国務せしむべきの由、男泰衡以下に遺言せしむと云々。

（『吾』文治三年一〇月二九日条）

義顕を以て主君となし、両人給仕すべきの由遺言あり。仍って三人一味して頼朝を襲うべき籌策《ちゅうさく》を廻らすと云々。

（『玉葉』文治四年正月九日条）

『吾妻鏡』の「国務せしむべき」と『玉葉』の「頼朝を襲うべき」というのでは意味合いがかなり違うが、平泉政権としても義経を盟主として政権を維持する、そしていざとなれば頼朝軍と対決するという意志を固めていたと考えられる（入間田二〇一六）。義経をめぐる泰衡の対応はこのような意志の表れだったかもしれない。

寿永二年一〇月宣旨、守護・地頭の勅許、朝廷人事への介入と、代官を媒介にした朝廷との折衝のなかで確実に権力としての地位を獲得した頼朝は、愁《うれ》いなく、いよいよ平泉政権との対決を意図する段階に至った。そして、右記のような朝廷を介した平泉政権との緊張した関係がつづくなかで、頼朝の気がかりであった殺生禁断の期間が終わる文治五年を迎えることになる。いよいよ頼朝は動き始めるのである。

# 奥州合戦――動く頼朝

## 出兵の準備過程

動き始めた頼朝の行動は早い。文治五年（一一八九）二月には、頼朝は薩摩《さつま》国嶋津荘地頭惟宗《これむね》（島津）忠久《ただひさ》に次のような下文《くだしぶみ》を発給している（『鎌倉遺文』三六四号）。

（頼朝）
（花押）

下す　嶋津荘地頭忠久

早く荘官らを召し進らしむべき事

右、件の荘官の中、武器に足るの輩、兵仗を帯び、来る七月十日以前、関東に参着すべきなり。且《か》つがつ見参に入らんがため、おのおの忠節を存ずべきの状件の如し。

文治五年二月九日

島津忠久に荘官のなかで武勇に堪える者を選んで武装させ、来る七月一〇日以前に「関東」=鎌倉に来ることが命じられている。前述の政治情勢から考えて、この動員が奥州合戦のためであることは間違いないであろう。この史料から、頼朝は奥州合戦に九州、それも薩摩国の御家人まで動員しようとしていたことがわかる。他に奥州合戦の動員を詳しく知ることができる史料はないが、これを参考にする限り全国動員であったことが推測できる。そして、頼朝はこの合戦の準備段階の一つの目安を七月一〇日においていたこともわかる。

頼朝のこのような圧力に抗することができなくなった藤原泰衡はついに閏四月三〇日源義経の居所を襲い、自害させた。このことを知った後白河院は、義経が死んだ以上は奥州出兵の理由はなくなったとして、頼朝に出兵の停止と武装解除を命じるが（『吾』同年六月二四日条）、頼朝は従わず、逆に六月二五日には泰衡追討の宣旨を要求するほどであった。しかし、院は認めなかったため、頼朝は宣旨のないまま、七月一九日に奥州に向けて出発した。先の島津忠久宛の下文に記された鎌倉参向の日限が七月一〇日であったから、頼朝の出兵準備は相当計画的なものであったということができよう。

『吾妻鏡』は、頼朝が率いて鎌倉街道中道《なかつみち》を進む大手軍と太平洋の海岸線を進む東海道軍、鎌倉街道上道《かみつみち》を経過して越後に抜け、日本海側を進む北陸道軍、合わせて二八万四〇〇〇騎の「軍士」が動員されたと伝える。誇張があるにしても膨大な御家人が動員されたことは間違いないであろう。

表9　頼朝軍の行程表

| | | |
|---|---|---|
| 七月 | 一九日 | 鎌倉出発 |
| | 二九日 | 白河の関を越える |
| 八月 | 一〇日 | 阿津賀志山の防塁を突破 |
| | 一二日 | 多賀国府に着く。東海道軍が合流 |
| | 二二日 | 平泉に侵攻。泰衡ら平泉館に火を放って逃走 |
| 九月 | 二日 | 紫波郡陣岡に進む。北陸道軍が合流 |
| | 六日 | 泰衡の首が陣岡の頼朝に届く |
| | 九日 | 泰衡追討の宣旨が届く |
| | 一一日 | 頼朝軍が岩手郡厨川まで北上する |
| | 一八日 | 頼朝が奥州合戦の終結を宣言する |
| | 一九日 | 頼朝軍が鎌倉に向け南下する |
| 一〇月 | 二四日 | 頼朝軍が鎌倉に戻る |

## 奥州合戦の経過

七月一九日に出発した頼朝軍の行程を大手軍を中心にまとめると表9のようになる。

三ヵ月を越える大遠征である。この簡単な行程表をみてもいくつかの興味深い点に気づく。まず第一は、奥州合戦というわりには合戦が少なく、大規模な合戦は八月一〇日から始まった阿《あ》津賀志山《つかしやま》の合戦くらいである。

図24　阿津賀志山二重堀（国見町教育委員会提供）

表9にある阿津賀志山の防塁とは現在も遺構が残されており（福島県国見町）、阿津賀志山の頂上付近から阿武隈川に至る全長三・二キロにも及ぶ遺構で、上幅約一〇メートルの空堀二本と高さ約二メートルの土塁三本によって構成され、幅が五〇メートルにも及ぶ長大な防衛のための構築物である（図24）。平泉軍は西木戸《にしきど》国衡《くにひら》を大将軍に二万騎の大軍で防衛したが、頼朝軍の攻勢に堪えられず、一〇日には国衡は逐電《ちくでん》し、泰衡は退いてしまった。

　この奥州攻めに関する史料は頼朝方の記録である『吾妻鏡』しかないので、若干差し引いて考えなければならないとしても、これ以外に小競り合いはあったかもしれないが、頼朝軍の進み具合や、平泉で戦わず平泉館を焼いて逃走したことからみても、この阿津賀志山の合戦以外にそれほど大きな合戦はなかったと考えるべきであろう。

第二は、平泉を陥落《かんらく》させたにもかかわらず、そこでとどまらずさらに北上して紫波《しわ》郡陣岡《じんがおか》、岩手郡厨川《くりやがわ》まで軍を進めていることの意味である。このあたりに奥州合戦を強行した「頼朝の政治」があるようである。次にこの点について考えてみよう。

## 奥州合戦の特徴

奥州合戦の頼朝の特徴については、すでに川合康氏によって明らかにされている（川合一九八九・一九九六）。川合氏によれば、第一の特徴は、挙兵の時以来行われなかった頼朝自身の出陣と全国規模の大動員を実施したことである。内乱中、御家人の鎌倉殿に対する奉公を推し進めてきたが、多くの場合、頼朝代官や守護を介して行われる場合が多かったため、その関係は希薄であったので、この合戦への動員によって、鎌倉殿頼朝と全国の御家人との主従関係を再確認し、再編強化しようとしたのだと評価されている。

第二は、前九年合戦における源頼義の故実を再現し、自らが河内源氏の嫡流《ちゃくりゅう》であることを御家人たちに知らしめようとした点である。実は、奥州合戦の頼朝の意図はこの点にあったといってもよい。なぜなら頼朝はその出発以前からこの点を意識的に追求していたからである。二、三例示してみよう。

それは鎌倉を出発する一月ほど前から始まっている。文治五年六月二四日、頼朝は千葉《ちば》常胤《つねたね》に追討のための軍旗の調進を命じているが、それが七月八日にできあがってきた。その時の記事には次のようにある。

　千葉介常胤、新調の御旗を献ず。その長さ入道将軍家頼義の御旗の寸法に任せて、一丈二尺の二幅なり。

このように、奥州合戦に赴く時の軍旗は、頼義が前九年合戦で使った旗と同じ長さで作られていたのである。

二つ目は、平泉を陥落させてさらに北上し陣岡・厨川に赴く理由である。『吾妻鏡』にはこれも頼義の「佳例《かれい》」を再現しようとするものであったと記されている（『吾』文治五年九月二日条）。

　平泉を出て、岩井《いわい》郡厨河《くりやがわ》の辺に赴かせしめ給う。これ、泰衡の隠れ住む所を相尋ねんがためなり。また、（頼義）祖父将軍朝敵を追討するのころ、十二ヶ年の間所々で合戦するも勝負決せず、年を送るのところ、遂に件の厨河の柵において貞任《さだとう》らの首を獲たり。曩時《のうじ》の佳例に依って、当所に到りて泰衡を討ち、その頸を獲るべきの由、内々思案せしめ給うと云々。

すなわち、頼義が前九年合戦で安倍貞任らの首を厨川柵で獲得した「佳例」に倣って、今度は自分が泰衡の首をこの地で得ようとしたのである。

第三は、陣岡で泰衡の首を得てそれを曝《さら》した時の記事で（『吾』九月六日条）、これは本当に凄まじい。

河田次郎、主人泰衡の頸を持ち、陣岡に参る。（略）その後、泰衡の頸を懸けらる。康平五年九月、入道将軍家頼義、貞任の頸を獲るの時、横山野大夫経兼《つねかね》が奉《うけたまわり》として、門客貞兼《さだかね》を以て件の首を請け取り、郎従惟仲《これなか》をしてこれを懸けしむ。長さ八寸の鉄釘を以てこれを打ち付くと云々件の例を追いて、経兼の曽孫小権守時広に仰す。時広、子息時兼を以て、景時の手より泰衡の首を請け取らしめ、郎従惟仲の後胤七太広綱を召し出して、これを懸けしむ。釘、彼の時の例に同じと云々

やや引用が長くなったが、いかがであろうか。前九年合戦の時、捕らえた貞任の首を掛ける時に携わった武士の、それぞれの子孫（経兼と時広、貞兼と時兼、惟仲と広綱）に泰衡の首を掛けさせ、釘の寸法も貞任の時に用いた時のものとまったく同じものを用いるという念の入れようである。

さらに、陣岡でこのような決定的な故実を再現したにもかかわらず、頼朝は厨川まで軍を進めた。それも先の史料にあるように、頼義が「厨河柵において貞任らの首を獲」った

「佳例」を再現するためであった。頼朝の頼義の故実への凄まじい執着心が表れているといえよう。

このように頼義の故実を再現した頼朝の意図はなんであろうか。繰り返しになるが、挙兵してから一〇年、まだまだ地方の武士団＝御家人らとの直接的な主従関係も弱く、鎌倉殿としての地位も盤石でなかった頼朝は、河内源氏の隆盛の場所である奥州に大量の御家人を動員し、その前で源氏隆盛の契機となった前九年合戦における祖先頼義の故実を再現することによって、自らがその系譜を引く源氏の嫡流であり、鎌倉殿として君臨することがふさわしいことを御家人たちに知らしめるためであったと考える。頼朝政権が東国に基盤をおいた武士政権であることを御家人たちとともに再確認するためであったのである。

### もう一つの意図

奥州合戦についてのこのような評価に異論はないが、ただ、先述のように、阿津賀志山の合戦を除くとほとんど合戦らしい合戦もなく、また防衛合戦もないまま平泉が制圧されていることを考えると、この合戦を軍事的な側面からのみ評価することはできないように思う。わざわざ厨川まで北上し、安倍氏追討の「儀式」を再現したのは、安倍氏・清原氏以来の奥羽の権益＝北方の富の支配権を掌握し、大都市平泉が担っていた奥大道—東山道の物流の求心性をわが物にするためでもあったと考えたい。

「都市鎌倉と巨大都市平泉」で紹介したように、平泉政権討滅後、頼朝の院・朝廷への献上品が金と馬と鷲羽《わしのは》という「平泉の富の三点セット」であったことがそれを明瞭に示している。

また、頼朝が率いた大手軍の経路をみると、鎌倉から宇都宮以前は不明だが、宇都宮の古多橋《こたはし》駅に入って以後は新渡戸《にとべ》駅、白河関、国見駅、船迫《ふなはざま》宿、多賀城と奥大道の宿駅を利用しながら進軍している。これは奥大道の掌握と整備をも意図していたものと考えられるのではないだろうか。他の北陸道軍、東海道軍の詳しい経路はわからないが、三軍合わせて二四万余騎という大軍勢が移動したのであるから、街道、宿駅の整備を伴っていたことは間違いないであろう。

奥州合戦の遠征が政治的に対抗する平泉政権を討滅することに目的があったことは間違いないにしても、これだけの大軍を三手に分けて進軍させ、ほとんど合戦らしい合戦もせず奥州藤原氏の拠点都市平泉を掌握していること、また合戦以前の都市平泉の交通・物流の側面で担っていた重要性を考えると、以上のような評価も可能ではないだろうか。

たとえば、先に「平泉政権への圧力」の項で、頼朝が「平泉政権が朝廷に送っていた貢金・貢馬を今後は鎌倉を経由して行うよう要求」していたこと、そして文治二年（一一八六）の場合は金四五〇両と馬五頭が確かに鎌倉を経由して朝廷へ送られたことを紹介したが、これも平泉の物流の求心性を鎌倉中心に切り替えようとする意図の表れといえよう。

しかし、ものごとはそれほど簡単には進まない。というのは、文治四年六月には平泉からの貢金・貢馬は鎌倉を経由することなく、かつ頼朝が知らないうちに相模国府のある大《おお》磯《いそ》駅に着いてしまったのである（『吾』文治四年六月一一日条）。

十一日乙亥、泰衡京進の貢馬・貢金・桑絲《くわいと》ら、昨日大磯駅に着く。召し留むべきかの由、義澄《よしずみ》これを申す。

高橋一樹氏は、この事態を中心に多くの関係史料を博捜し、奥大道―東山道から武蔵国府を経由して相模国府に至る内陸部のルートの存在を想定され「相武国府ルート」と命名するとともに、さらに「これは、中世成立期の陸奥と京都を結ぶ東西交通の基幹陸路から、鎌倉が外れていたことを意味する」と評価している。東山道と武蔵国府を重視する私にとっては「武相国府ルート」の方がよいと思われるが、それはともかく、高橋氏の評価は正鵠を射ていると考える（高橋二〇一三）。

すなわち、頼朝の政治的・軍事的圧力をもって平泉政権が保持していた貢金・貢馬のルートを鎌倉中心に編成替えしようとしても、それを簡単に実現しえない物流のルートが存在していたのである。これを克服して武家政権の首都鎌倉中心の物流のルートを確立することが、政治権力として初期の頼朝政権が自立していく上で欠かすことのできない課題であった。頼朝が奥州合戦をどうしても実施し、平泉政権を討滅しなければならない要因がここにあったのである。

先に、頼朝は挙兵後房総半島を経由してまず武蔵国府に入ったこと、さらに金砂《かなさ》合戦の後も葛西清重《かさいきよしげ》の宅からわざわざ武蔵国府に赴き「善政」を施したことを指摘したが、このことは、先の高橋氏の評価をもとにして考えると、挙兵後間もない頼朝にとっては、武家政権の首都鎌倉が東西交通の基幹陸路から外れていたこともあって、東海道が通過し、かつ東海道と上野国に抜ける鎌倉街道上道《かみつみち》との結節点であった武蔵国府を掌握することが喫緊の課題であったことを示している。いい方を変えれば、平泉—京都を結ぶ基幹交通路であった東山道を掌握するためにはまず武蔵国府を押さえる必要があったのである。

繰り返しになるが、改めて奥州合戦の意義についてまとめておこう。

### 奥州合戦の意義

頼朝は文治元年（一一八五）には平氏政権を滅ぼし、さらに守護・地頭設置の権限を得て、全国支配に向けての地歩《ちほ》を固めるが、彼が鎌倉中心の権力体系を構築するためにはどうしても潰さなければならない存在があった。それが日本列島を縦断する物流の拠点であった巨大都市平泉である。この存在がある限り、政治的な支配体系はできても、武士政権の「首都」にふさわしい人と物＝物流の中心としての都市鎌倉は完成しないのである。そのために企図されたのが奥州攻めだったのでる。

奥州合戦の頼朝の企図については、川合康氏が明らかにしたように（川合一九八九）、前九年合戦の際の源頼義の「故事」を再現しながら御家人の統制を図り、源氏の奥羽における権益の再確認を行う点にあったことは間違いないであろう。ただ、阿津賀志山での合戦などを除くとほとんど合戦らしい合戦もなく平泉が制圧されていることを考えると、この合戦を軍事的な側面からのみ評価することはできないように思う。わざわざ厨川まで北上し、安倍氏追討の「儀式」を再現したのは、安倍氏・清原氏以来の奥羽の権益＝北方の富の支配権を掌握し、巨大都市平泉が担っていた奥大道―東山道の物流の求心性をわが物にするためでもあったと考えたい。「都市鎌倉と巨大都市平泉」で紹介したように、平泉政権討滅後、頼朝の院・朝廷への献上品が「平泉の富の三点セット」そのものであったことがそれを明瞭に示している。

# 鎌倉街道上道・東海道の整備と掌握

## 富士の巻狩りと二度の上洛

## 建久二・三年の頼朝の政治

奥州藤原氏を討滅し、列島上の物流の中枢であった都市平泉《ひらいずみ》を壊滅させた頼朝《よりとも》は、いよいよ最後の課題である朝廷との直接交渉を開始する。建久元年（一一九〇）と同六年の二度の上洛である。ただ、ここで注目したいのは、この二度の上洛の間の建久四年に富士の巻狩《まきが》りを行っていることである。すなわち、頼朝は建久元、四、六年と六年の間に三度もの遠征を行ったことになるのだ。それも「プロローグ」で紹介したように、それぞれ八六日、七五日、一四一日間の大遠征である。

### 二度の上洛と富士の巻狩りと

時間的な短さから考えて、この三度の遠征は「頼朝の政治」として一貫するものととらえなければならないが、頼朝政権と街道支配との関係を論じようとする本書では、それぞれの政治的意図と対象――東海道と鎌倉街道――の違いを重視して、二度の上洛と富士の巻狩りとに分けて検討することにしたい。二度の上洛は一括して後半で扱うことにし、まずは、富士の巻狩りの政治的意味と街道支配との関係について考えることにしよう。

## 富士巻狩り出発の特異性

建久四年（一一九三）五月八日から六月七日まで一ヵ月間にわたって行われた富士の巻狩りは、頼朝の長子頼家《よりいえ》が初めて鹿を射た話や曽我《そが》兄弟の敵討ちなど話題が豊富なわりには、頼朝政権成立過程の政治史のなかに十分位置づけられてきたとはいえない。とくに、この巻狩りが「富士の巻狩り」と総称されながらも、富士の裾野という東海道の関東への入り口＝境界だけでなく、その前に信《しな》濃《の》国と上野《こうずけ》国との国境三原野《みはらの》、下野《しもつけ》国と陸奥《むつ》国との国境である那須野《なすの》でも行われ、合わせて約二ヵ月半にわたって実施されていることの政治的意味についてはあまり検討されていない。

しかし、先述のように、文治五年（一一八九）の奥州藤原氏の討滅、建久元年の初度の上洛による権大納言《ごんだいなごん》・右近衛大将《うこのえのたいしょう》の任官、そして建久三年の征夷大将軍任官へ、さらに建久六年の二度目の上洛へと続く鎌倉幕府成立史のなかで、建久四年に巻狩りが連続して行われたことの政治史的意味を考える価値は十分あるであろう。

その上、巻狩りの出発に関する記事をみると非常に慌ただしい。詳しくは後述するが、「旧院御一廻の程は諸国に狩猟を禁ぜらる」（『吾』建久四年三月二一日条）といいながらも、「旧院」＝後白河法皇の一周忌後わずか八日目で出発していることからも理解できよう。

この慌ただしさは、富士の巻狩りを、それ自体の政治史的意味だけでなく、建久年間の頼朝の政治との関連で検討する必要があることを示唆している。そのためにも、まず巻狩り以前、すなわち建久二・三年の政治過程を検討することから始めたい。

### 鎌倉大火と法皇の死

文治五年（一一八九）、奥州平泉政権を討滅させた頼朝は、翌建久元年一〇月、初めて上洛し、後白河法皇と後鳥羽天皇に謁見《えっけん》し、権大納言つづいて右近衛大将に任じられた。これで鎌倉政権も新たな段階に入ったといえる。しかし、頼朝はまもなく両職を辞し一二月に鎌倉に戻った。両職を辞したといっても、鎌倉に戻った頼朝はその権威を利用して「前右大将家《さきのうだいしょうけ》」を名乗って政治を展開している。『吾妻鏡』は両職を辞した翌日から「前右大将家」と記しているほどである（『吾』建久元年一二月四日条）。

「前右大将家」としての権威を得た頼朝は、翌建久二年早々から「前右大将家」にふさわしい新しい政治体制の形成に着手した。正月一五日に「政所吉書始《まんどころきっしょはじめ》」を実施し、それまで「恩沢《おんたく》」を授ける際使用していた頼朝の「御判《ごはん》」を押した文書や「奉書《ほうしょ》」を召し返し、「（将軍）家御下文《くだしぶみ》」に改めることを定めているし、政所・問注所《もんちゅうじょ》・侍所《さむらいどころ》の家司《けいし》、さらに公事奉行人《くじぶぎょうにん》・京都守護・鎮西《ちんぜい》奉行人などを改めて補任している。まさに新体制の出発といってよい。

しかし、政治は頼朝の思惑どおりには進まなかった。三月四日丑《うし》刻、小町小路《こまちこうじ》から出た炎は北条義時《ほうじょうよしとき》邸をはじめ鶴岡八幡宮若宮などを焼き尽くした。いわゆる「鎌倉大火」である。失意のなかで頼朝は早速再建に取り組み、八日には若宮の再建に着手している。その結果、七月下旬には幕府関係の諸役所も再建され、一一月二一日には八幡宮・若宮および末社の遷宮儀式も行われた。

そこで、中断されていた前右大将家としての政治をいよいよ再開しようと思った矢先、また新たな問題が起こった。それは後白河法皇の病気である。それを知った頼朝は早速「御潔斎《けっさい》」に入らざるを得なくなった（『吾』同年閏一二月二七日条）。法皇の病気は建久三年に入っても回復せず、ついに三月一三日法皇は六条殿で死去した。『吾妻鏡』はその時の頼朝の心境を次のように記している（『吾』同年三月一六日条）。

幕下御悲歎の至り、丹府肝膽《たんぷかんたん》を砕《くだ》く。これ則ち合体の儀を忝《かたじけの》うし、君臣の礼を重んぜらるるに依ってなり、と云々。

文章が難しいので趣意文を記すと次のようである。

悲しみのあまり、頼朝の「丹府」（偽りのない心）が内蔵を打ち砕いてしまったほどである。これは頼朝が法皇との「合体」を心から感謝しており、法皇に対する君臣の礼をいかに重んじていたかを示すものである。

やや誇張を感じるが、頼朝は初七日の法要を行い、三月二〇日には「法皇御追福」のため「山内に百ケ日温室《うんしつ》」を設け、「往反諸人幷びに土民ら」に浴させている。さらに、四十九日にあたる五月八日には鶴岡八幡宮をはじめ相模《さがみ》・武蔵《むさし》の一六ヵ寺で「百僧供《ひやくそうく》」を挙行している。

このように、建久二年から三年初期にかけての頼朝は、前年末に獲得した「前右大将」という権威を背景に、武家政権の新たな政治を展開しようとしたが、首都鎌倉の大火、さらには後白河法皇の病気と死去という思いがけない事件が続いたために、新しい政治の全面的な展開は一時延引せざるを得なかったのであった。

法皇の死後、四十九日の法要を終えると頼朝の政治は積極的になる。まず、六月三日には「恩沢《おんたく》の沙汰《さた》」を行って新恩を加えたり、ふたたび以前の「御下文」を改めたりしている。そして、同月二〇日には、美濃国の御家人に「前右大将家政所下文」を発して、守護大内惟義《おおうちこれよし》の催促に従って京都大番役《おおばんやく》を勤仕《ごんし》するように命じた。この政所下文が、御家人制の本格的な採用および大番役の施行にとって重要な位置を占めていることはすでに指摘されている（田中一九六三）。

## 征夷大将軍任官

さらに七月二〇日には吉報が頼朝のもとに届く。それは、去る一二日に頼朝を「征夷大将軍」に任命する人事が行われたこと、そしてその除書《じょしょ》を携えた勅使《ちょくし》が発遣されたことを伝える飛脚の到来である。そして、その勅使二人は二六日に鎌倉に着いた。この頼朝の征夷大将軍任官については、近年新たな史料の紹介があって従来どおり解釈できないことが明らかになっているが（櫻井二〇〇四）、『吾妻鏡』は、

将軍の事、本より御意に懸けらると雖も、今に達せしめ給わず。しかるに法皇崩御《ほうぎょ》の後、朝政の初度に、殊に沙汰ありて任ぜらるるの間、故《ことさら》に以て勅使に及ぶ、と云々。

と、頼朝らの喜びが尋常でなかったことを伝えている（『吾』建久三年七月二六日条）。

月が改まった八月五日、頼朝は征夷大将軍就任後初めての「政所始《まんどころはじめ》」を行い、別当《べっとう》・

令《れい》・案主《あんじゅ》・知家事《ちけじ》など政所家司の補任を行った。この時、千葉常胤《ちばつねたね》が、「政所《まんどころ》下文《くだしぶみ》と謂うは家司らの署名なり。後鑑《こうかん》に備え難し。常胤が分においては別に御判を副え置かるべし。子孫末代の亀鏡《ききけい》となすべし」と主張して、新たに頼朝の「御判の下文」を要求し、頼朝がそれに応じたのは有名な話である。この時も下文の改更が行われたことがわかる。

## 下文改更の諸段階

ところで、この「下文改更」問題とは、千葉常胤の主張に明確なように、頼朝がその初期に地頭職の補任や所領の安堵の際用いていた将軍頼朝の花押のある下文に代わって、将軍の意を奉じて将軍家政所が発給する下文＝政所下文に変更しようという作業である。将軍─御家人という個人的な主従関係から、政所という家政機関─御家人という関係に改変しようというのである。

この下文改更の経緯については意見が分かれている。その要因は、前述のように、

①建久二年正月の「前右大将家政所吉書始」
②同三年六月の「恩沢の沙汰」
③同三年八月の「将軍家政所吉書始」

と、わずか一年半あまりに三回の改更が行われているからである。上横手雅敬氏は頼朝の右近衛大将就任を高く評価する立場から①を重視するのに対して（上横手一九七二）、杉橋

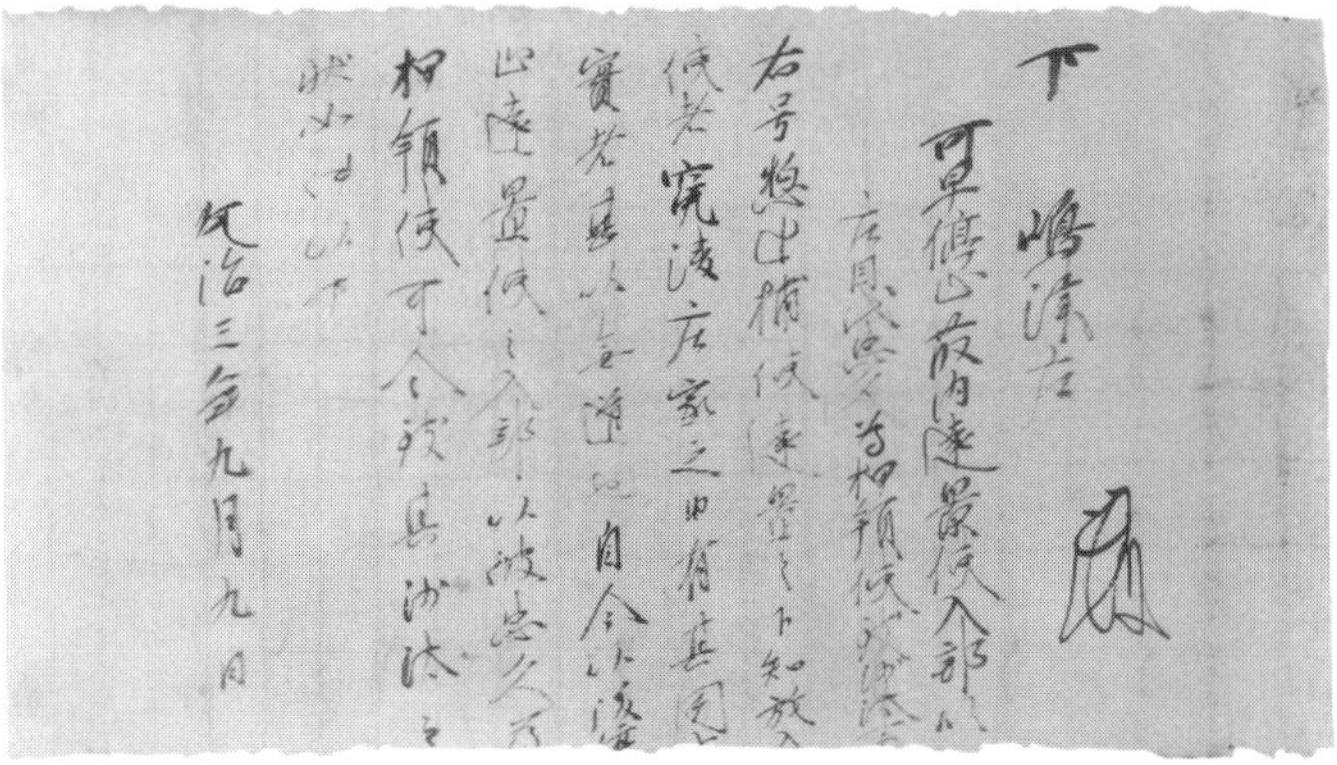

図25　源頼朝下文（「歴代亀鏡（五三通）」より，島津家文書，東京大学史料編纂所蔵）

隆夫氏は征夷大将軍就任を評価する立場から③を重視している（杉橋一九八三）。しかし、両者ともなぜ短期間のうちに三度も「下文の改更」がなされたかについては整合的な説明をされていない。

私は右記のような頼朝をめぐる建久二年から三年にかけての政治過程を勘案して次のように考えた（木村二〇〇七）。

建久元年末、頼朝は「前右大将」という権威を獲得し、それにふさわしい新しい政治を展開しようとした（①）矢先、鎌倉の大火と後白河法皇の死去という二つの事件のため、建久二年から建久三年五月まではそれらへの対応に専念せざるを得ず、前右大将家としての政治を一時中断することを余儀なくされた。そして、首都

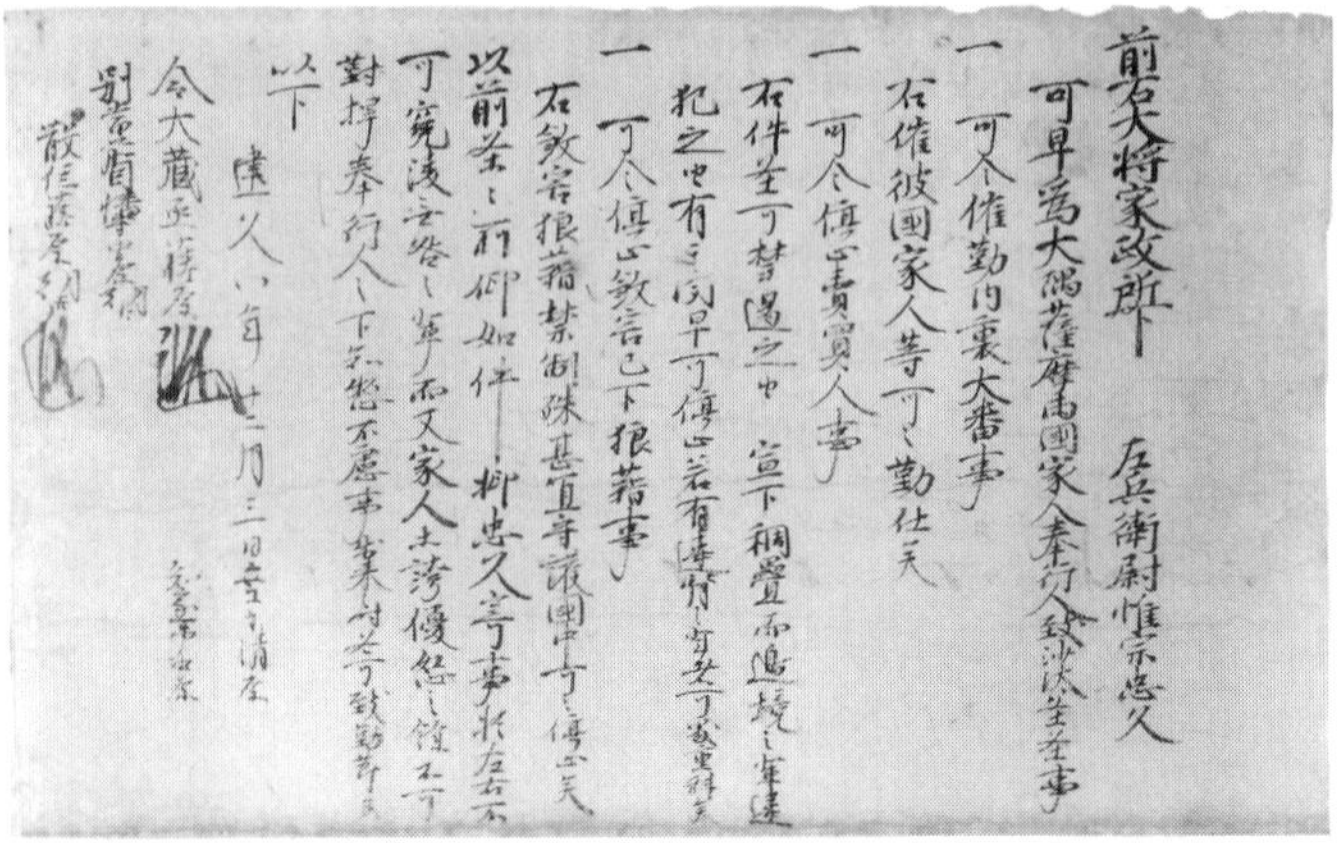
前右大将家政所下
可早為大隅薩摩両国家人奉行人致沙汰並事　左兵衛尉惟宗忠久
一　可令催勤内裏大番事
右催彼国家人等可令勤仕矣

図26　前右大将家政所下文（「歴代亀鏡（五三通）」より，島津家文書，東京大学史料編纂所蔵）

鎌倉の復興を実現しかつ法皇の四十九日法要を終えた約一ヵ月後の六月に改めて「恩沢の沙汰」を行い（②）、「下文改更」を再開したのである。

ところが、七月になると新たに征夷大将軍に任命された。②は前右大将家として①の継続であったから、今度は新たに征夷大将軍として「政所吉書始」を行う必要が生じたのである（③）。このようにして三度の下文改更が行われることになった。

②の「恩沢の沙汰」があるので紛らわしいが、基本的には①の「前右大将家政所吉書始」と③の「将軍家政所吉書始」という形で行われるべきものであったが、①の直後に鎌倉大火と法皇の死去という問題が起こったた

めに、①の継続・再開として②が行われたと考えれば、「下文改更」問題はスムーズに理解できると思うのである。

私見としては、頼朝の花押のある「下文」から「政所下文」への改更は①と②で基本的な方針が決定されていたのであって、③が行われたのは繰り返しになるが征夷大将軍に任命されたからであって、これが下文改更問題に大きな変更を加えたわけではないと考える。

先に紹介したように、③の際、千葉常胤が政所下文を嫌って「御判」を副えた下文を要求し、頼朝もそれを認めたという記事が、この三度目の下文改更の評価を高めているように思うが、『吾妻鏡』に引用された常胤宛「袖判《そではん》下文」には、

仍て相伝の所領、また軍《いくさ》の賞によって宛て給わる所々らの地頭職、政所下文を成し給わるところなり。その状に任せて、子孫に至るまで相違あるべからざるの状、件の如し。

と記されていたように（『吾』建久三年八月五日条）、この袖判下文の前提には先に発給された「政所下文」が存在したのであり、「その状（政所下文）に任せて」発給されたにすぎないのである。ここでは、二種の下文の効力の評価というよりは、鎌倉殿頼朝との主従関係を重んじる譜代《ふだい》御家人千葉常胤の意識を読みとるべきなのであろう。

以上、建久二・三年の頼朝の政治を概観してきた。初度の上洛で権大納言と右近衛大将に任ぜられたにもかかわらず、その後に起きた鎌倉大火と後白河法皇の死去が障害となって、頼朝は武家の棟梁としての積極的な政治を十分展開することができなかった。下文改更をめぐる混乱がその一端を示していよう。

そのようななか、建久三年七月に征夷大将軍に任官し、頼朝の政治もようやく新たな段階に入ったのである。運の強い時はよいことが続くもので、将軍政所吉書始から四日目の八月九日には三男の千幡《せんまん》（後の実朝《さねとも》）が誕生した。さらに、一一月二五日には、奥州平泉中尊寺の二階大堂長寿院を模して建造したという永福寺《ようふくじ》が完成した。

しかし、頼朝の政治に積極性がみられるようになったものの、翌建久四年二月まで国政に関わるような新たな政治を行ったことは確認できない。その要因は、やはり後白河法皇の一周忌であった。

# 富士巻狩りの政治的意味

## 巻狩りの準備過程

さて、頼朝は、建久四年（一一九三）三月四日、来る一三日に「法皇の御周闋《しゅうけつ》」のために千僧供養を行うよう鶴岡八幡宮若宮ら八ヵ寺に命じている。そして、当日、武蔵守足利義信《あしかがよしのぶ》を行事に「旧院の御一廻の忌辰《きしん》」が、宿老一〇人、それぞれに一〇〇人の僧が相具して千僧供養が挙行された。

ところが、その法皇の一周忌の四日前に、すでに那須《なす》太郎光助《みつすけ》に下野国北条内一村があてがわれている。それは「来月那須野において御野遊《のあそび》あるべきの間、その経営（準備）」のためであった。そして一周忌の二日後には那須野の狩りのため駿河《するが》国の「藍沢《あいさわ》の屋形ら」が下野国に「壊し渡」され、さらに二一日には信濃三原野、下野那須野らの「狩倉《かりくら》」

をみるために頼朝自身が出発しているのである。この慌ただしい出発のいい訳ではないと思うが、『吾妻鏡』には、

旧院御一廻の程は、諸国に狩猟を禁ぜらる。日数すでに馳《は》せ過ぎおわんぬ。

と記している。

しかし、日数が過ぎたとはいえ一周忌からわずか八日後の出発である。日数が十分経ったとはいえないし、これだけ大がかりな巻狩りをするためにはそれ相応の準備が必要であろうから、「旧院御一廻の程は、諸国に狩猟を禁ぜらる」といいながら、那須光助がそうであったように、着々と準備が進められていたに違いない。後白河法皇の一周忌が終わる以前から準備を進め、八日後には出発しなければならなかったところに、富士巻狩りの政治的意味を解く鍵があるように思う。

すなわち、征夷大将軍という武家の棟梁として最高の権威である地位を獲得しながらも、その武威を発揮できない、周囲に知らしめることができない頼朝の焦りのようなものを感じるのであるがいかがであろうか。二一日の出発はまさに満を持しての出発であったといえよう。

## 三原野の巻狩り

最初にも記したように、この時の巻狩りは、「富士の巻狩り」と総称されながらも、実際は信濃の三原野、下野の那須野、そして富士の裾野の三ヵ所で行われているので、それぞれについて検討してみよう。

さて、頼朝は三月二一日に三原野と那須野の狩りのために出発したが、その時の様子が次のように記されている。

去るころより狩猟に馴《な》るる輩を召し聚《あつ》めらるるところなり。その中に弓馬に達せしめ、また御隔心《かくしん》無きの族、二十二人を撰ばれ、各弓箭《きゆうせん》を帯せしむ。その外に、たとえ万騎に及ぶと雖も、弓箭を帯せず、踏馬衆《ふみうましゆう》たるべきの由定めらる、と云々。

そしてこの記事の後に「江間四郎《えましろう》」（北条義時）以下二二人の御家人の名前が列挙されている。先の準備過程からいえば「去るころより……召し聚めらるる」というのも気になるが、ここから、この狩りが普通の狩りとは異なって、実際に狩りに参加できるのは「弓馬」に優れかつ「隔心」（裏切りの心）がない者二二人だけで、その他「万騎」が参加しようとも、それらはすべて「踏馬衆」（鳥や獣を狩り出す勢子《せこ》の役割）にしかなれなかったことがわかる。

狩猟の技術もさることながら、なによりも頼朝に対する忠誠心を基準に二二人が選ばれ、他の御家人は「弓箭を帯」することができないという差別的な処遇が採用されていることが注目される。頼朝の警戒心の表れであろうか。この点は後述する。

頼朝の差別的な対応はこの後にもみられる。それは三原野に赴く途中の武蔵国入間野《いるまの》での「追鳥狩《おいとりがり》」の際である。前述の二二人の御家人のうちの一人藤沢清親《ふじさわきよちか》が「百発百中の芸」を披露し、雉《きじ》五羽、鶬《まなづる》二五羽を射落としたところ、頼朝は「御感の余り」乗っていた「一郎」という名の馬を自ら引いて清親に与えている。これは、前九年合戦の後に行われた「野遊」で、清原武則《きよはらたけのり》がみせた「一箭を以て両翼を獲る」という妙技に感服した源頼《より》義《よし》が、自ら馬を引いたという故事に倣ったものであった。「頼義の故事」は奥州合戦の時だけではなかったのである。『吾妻鏡』はこの清親を評して、

野において主人の感に預かる。弓馬《きゆうば》の眉目《びもく》、鳥を射るの遊興、ここにして極まらくのみ。

と記している（『吾』建久四年三月二五日条）。

この一連のパフォーマンスに注目した高橋昌明氏は次のように評価している（高橋一九七六）。

入間野の「追鳥狩」は、よりすぐった戦士による模範戦技の展示とでもいうべき性格

のものであろう。さらに、多数の武士には弓矢を持たせず、「踏馬衆」という勢子の役割を与え、清親には「弓馬の眉目」と形容せられた栄誉をもって遇するという頼朝の態度からは、戦士の競争心と名誉心を煽りそれを自分に対する奉仕の情熱に転化させようとする政治家の怜悧な計算を読みとることができるように思われる。

頼朝がこの三つの巻狩りを実施しようとした政治的意図をみごとにいいあてた評価ということができる。この点については、また改めて指摘しよう。

『吾妻鏡』はこの入間野の「追鳥狩」の後、すぐに那須野の狩りに移ってしまい、三原野の狩りについては記していないが、真名本《まなぼん》『曽我《そが》物語』には曽我兄弟が敵工藤祐経《くどうすけつね》を討つ機会を探す情景とともに詳しく叙述されている（東洋文庫）。そこで注目すべきは、武蔵国関戸《せきど》宿を皮切りに、行く宿々で「旅宿のならひ、ぬす人に馬とらるゝな」という理由で、武蔵・上野両国の「国々の人々まいりて、辻がため」をきびしく行ったことが一つ一つ記されていることである。『曽我物語』を素材にまとめると表10のようである。

鎌倉街道上道《かみつみち》沿いの宿々で周辺の多くの武士団が警護させられている（図20参照）。児玉《こだま》宿までは武蔵国の武士団だが、山名・板鼻《いたはな》・松井田《まついだ》では西毛の武士団が、沓掛《くつかけ》では東信濃の武士団が動員されていることがわかる。ただし、これだけ多数の武士団が巻狩りに動

表10　三原野の巻狩りの際の鎌倉街道上道の宿と警護の武士団

| 宿　名 | 武　士　団　名 |
|---|---|
| 関　戸 | 本間・渋谷・三浦・横山・松田・河村・渋美・早川・稲毛・榛谷・江戸・州崎 |
| 入間川 | 仙波・河越・金子・村山 |
| 大倉（蔵） | 平山・猪俣・本田・吉見・足立・柄子・野本 |
| 児　玉 | 丹・児玉・久下・村岡・熊谷・中条・豊島・笠井（葛西） |
| 山名・板鼻・松井田 | 山名・里見・小林・多胡・小幡・丹生・高田・瀬下・黒河 |
| 沓　掛 | 大井・伴野・志賀・平賀・置田・内村 |

出典は『真名本　曽我物語』一（東洋文庫、平凡社、一九八七年）。

員されているわけではなく、宿の警護だけに動員されていることは注意しなければならない。

この特徴は、三原野から那須野に移る時にはまったくこのような記事がないことによって明確になる。その移動については、『曽我物語』は「板鼻宿より宇都宮へいらせおはします。かの那須野ひろければ」と記すだけだし、『吾妻鏡』にはまったく記されていない。三原野へ行く途中の鎌倉街道上道の宿々における警護と御家人の動員は、特筆すべきことなのである。

## 那須野の巻狩り

　四月二日、頼朝は那須野に入った。しかし、巻狩りの記述は簡単で次のようである。

　去夜半更以後、勢子を入る。小山《おやま》左衛門尉朝政《ともまさ》、宇都宮《うつのみや》左衛門尉朝綱《ともつな》、八田《はった》右衛門尉知家《ともいえ》、各召しに依って千人の勢子を献ずと云々。那須太郎光助、駄餉《だしょう》を奉ると云々。

わずかこれだけの記事なので巻狩りの様子はまったくわからないが、この狩りで重要なのは、小山朝政、宇都宮朝綱、八田知家という下野国、常陸国（西部）を代表する有力御家人に対して勢子の提出が要求されていることである。勢子とは、狩りの際、大声を発するなどして獲物を追い出し、狩りがうまく実現するために働く者たちのことである。したがって、彼ら有力御家人三人はその勢子の提出を求められただけであって、巻狩りには参加できなかったのである。事実、彼らは巻狩りの出発の際に選ばれた二二人のなかには入っていない。

　先の三原野の巻狩りでは鎌倉街道上道沿いの御家人たちが宿々の警護に動員され、今度の那須野では小山氏・宇都宮氏・八田氏という北関東を代表する有力御家人は勢子を提出しただけで、これまた巻狩りには参加できなかった。頼朝の彼らに対する「差別」的対応の意図は奈辺にあるのだろうか。

二三日ようやく那須野の巻狩りを終えた頼朝は、那須野の狩りのために駿河国藍沢《あいさわ》から運ばせた屋形を運び戻させ、二八日には上野国の新田義重《にったよししげ》の新田館に遊覧し、そのまま鎌倉に戻った。『吾妻鏡』はただこのように記すだけだが、この記事による限り、上野国の有力御家人新田義重もまたこれらの狩りには参加していなかったと考えられる。小山氏、宇都宮氏、八田氏そして新田氏と、那須野の巻狩りにおける北関東の有力御家人に対する頼朝の処遇は普通ではない。

## 三原野・那須野両巻狩りの交通史的意味

以上、二つの巻狩りの様相と特徴をみてきたが、これら以外で注目すべきは、三原野に行くために日数をかけていることである。鎌倉を出たのが三月二一日で、三原野の狩りを終えて那須野に入ったのが四月二日であるから、狩りの日数と那須野への移動にかかった日数を考慮しても、六、七日はかけたと考えられる。実際、先に紹介した『曽我物語』では関戸宿から沓掛宿まで六宿があげられていることも参考になる。

鎌倉街道上道沿いをゆっくりと北上し、かつ街道沿いの宿々に宿泊するたびに武蔵・上野両国の御家人らを動員して警護を命じているということは、単なる宿の警護だけでなく、鎌倉街道上道の整備をも意図していたと考えるべきであろう。

もう一つは、頼朝が帰路に新田館に立ち寄っていることである。那須野から鎌倉に戻るには、前述のように鎌倉街道中道《なかつみち》もそれなりに整備されていたと考えられるから、下野国小山付近で直接鎌倉街道中道に入り南下すれば早いにもかかわらず、わざわざ新田館に寄っている意味である。もちろん、同じ源氏出身で北関東の有力御家人であった新田氏の動静を確かめるという意図もあったであろうが、頼朝とっては那須野から奥大道《おくのおおみち》・東山《とうさん》道《どう》を経由して鎌倉街道上道を使用することにこそ目的があったのではないだろうか。

三原野・那須野の巻狩りの目的は、前述の高橋昌明氏の評価にもあるように、射手《いて》となる御家人の選抜と北関東の有力御家人に対する「差別」的な扱いによって、御家人間の「競争心と名誉心を煽《あお》りそれを自分に対する奉仕の情熱に転化させようと」したことにあるのは間違いない。

しかしその一方で、多くの御家人を動員して宿々の警備をさせ、東山道の関東への入り口の三原野、そして東山道・奥大道の関東からの出口である那須野で巻狩りを実施し、帰路も奥大道—東山道—鎌倉街道上道を利用していることなどを勘案するならば、それまで都市平泉と京都を結んでいた主要幹線＝東山道と鎌倉街道上道とを、頼朝の主導によって、鎌倉中心の交通路として再編整備する意図があったように思うのである。ここに、巻狩りを三原野・那須野で実施した頼朝のもう一つの政治的意図があったと考えるべきであろう。

### 富士の巻狩り

那須野の巻狩りから戻って三日後の五月二日、頼朝は北条時政を巻狩りの準備のため駿河国に下向させるとともに、伊豆・駿河両国の御家人を動員して「旅館已下の事」を命じている。そして、八日には「富士野藍沢の夏狩り」をみるため鎌倉を出発した。

この時の狩りの特徴は、「御供」として江間殿＝北条義時以下約五〇名の御家人が列挙されているが、その最後に「その外、射手たるの輩の群参、勝計《しょうけい》すべからず」と記されていることである（『吾』建久四年五月八日条）。三原野・那須野の巻狩りが御家人の徹底した管理のもとで行われたのに対して、この夏狩りでは、技術や忠誠心で射手を選抜しなかったので、多くの射手が群参したというのである。前二者の狩りがかなり儀式的色彩をもっていたと思われるのに対して、この狩りは多くの御家人が参加することによってまさに実践的な狩りが展開されたと考えられる。

そのためか、この狩りではさまざまな事件が起きている。その代表が曽我兄弟の敵討ちによる混乱である。『吾妻鏡』は、遊女らの絶叫と「父の敵を討った」という兄弟の「高声」によって、次のような混乱に陥ったことを記している（『吾』同年五月二八日条）。

これによって諸人騒動し、子細を知らずと雖も、宿侍《しゆくじ》の輩皆悉く走出づ、雷雨鼓《つづみ》を撃ち、暗夜灯を失いて、ほとほと東西を迷うの間、祐成らがために多く以て疵《きず》を被《こうむ》る。謂わゆる平子《たいらこ》野平右馬允《うまのじょう》、愛甲《あいこう》三郎、吉香《きつか》小次郎、加藤太、海野《うんの》小太郎、岡部弥三郎、原三郎、堀藤太、臼杵《うすき》八郎。殺戮せらるるは宇田五郎已下なり。十郎祐成は新田四郎忠常に合いて討たれ畢。五郎は御前を差して奔参す。将軍御剣を取り、これ

図27　富士の巻狩り（『月次風俗図屏風』より，東京国立博物館所蔵）

に向かわしめ給わんと欲す。而《しか》るに左近 将 監能直《さこんのしょうげんよしなお》これを抑《お》し留め奉る。

やや引用が長くなったが、混乱ぶりを理解していただけたのではないだろうか。頼朝が刀を取り、五郎に立ち向かおうとする事態まで起こったのである。

混乱はこれで終わらなかった。事情は不明だが、六月三日には巻狩りに加わっていた常陸国久慈《くじ》郡の輩が祐成らの夜討ちを恐れて逐電して所帯を収公されているし、五日には、祐成らの狼藉を聞いた諸人が馳せ参じ、「諸国物忩《ぶっそう》」という状況になっている。これも関連は不明だが、常陸国では多気義幹《たけよしもと》と八田知家という有力御家人同士の対立が生じ、最終的には多気義幹の所領が没収されるという事件も起こっている（『吾』同年同月二二日条ら）。

さらにこれは曽我兄弟の敵討ちとは直接関係しないかもしれないが、八月には頼朝の異母兄弟の一人である範頼《のりより》も謀叛の嫌疑によって伊豆修善寺《しゅぜんじ》に流され殺害されているし（『吾』同年八月一七日・一八日条など）、一一月には富士川の合戦以後長く遠江国守護として勢力を誇っていた甲斐源氏の安田義定《やすだよしさだ》が子の義資《よしすけ》の罪の縁坐によって失脚し（『吾』同年一一月二八日条）、翌年八月には殺害されている（『吾』建久五年八月一九日条）。また、これも常陸国であるが、一二月一三日には下妻《しもつま》四郎広幹《ひろもと》が北条時政への「宿意」を理由に梟首《きょうしゅ》されている（『吾』建久四年一二月一三日条）。

富士の巻狩りといえば、先にも述べたように、長子頼家の初狩りの話や曽我兄弟の敵討ちなどが有名であるが、頼朝の政治との関係でいえば、その後の政治の混乱と収束も見逃すことができない。敵討ち後の鎌倉および関東とくに常陸国では、その原因は同じではないにしても、範頼や安田義定、多気義幹、下妻広幹のように、初期の頼朝政権を支えてきた有力な御家人らが陰謀にも近い口実によって次々と誅伐されるという、殺伐とした雰囲気が漂っていたことは間違いあるまい。

巻狩り後の混乱と粛清ぶりは、三原野・那須野の両狩りで醸成された御家人の競争心と忠誠心を利用して、実際の狩猟＝実戦で御家人たちの忠誠心を再度ふるいにかけようとしたことを示しているように思われる。偶然にも曽我兄弟の敵討ちが起こったため、御家人らの恐怖心はいっそう煽《あお》られたに相違ない。

図28　伝曽我兄弟・虎御前供養塔（神奈川県箱根町）

以上、三原野、那須野そして富士の裾野の三つの巻狩りを検討した。「富士の巻狩り」と総称されることが多いが、それぞれ特徴をもった巻狩りであったことが理解できよう。

## 富士巻狩りの意味

三原野では武蔵・上野両国の御家人が鎌倉街道上道の宿々の警護に動員されていたし、那須野では小山朝政、宇都宮朝綱、八田知家という有力御家人が動員されたが、それは射手《い》手《て》ではなく勢子《せこ》を提出することが任務であった。そして、両狩りで射手を務めたのは「弓馬に達」し「御隔心なき」二二人の御家人であった。他に「万騎」が参加しようとも、それらはすべて「踏馬衆」にしかなれなかった。狩猟＝戦闘の技術の優劣もさることながら、頼朝に対する忠誠心を基準に二二名の御家人を選別して射手とし、他は宿の警護や勢子の提出だけを命じられるという差別的な処遇を採用している点にこの両狩りの特徴がある。髙橋昌明氏がいうように、御家人の競争心と名誉心を煽り、それを通じて頼朝への忠誠心を確かめようとしたのである。

また、この二つの狩りでは、三原野と那須野という関東の西の入り口と東の出口を押さえることとともに、多くの御家人を動員して鎌倉街道上道《かみつみち》と東山道を整備、再編することも目的であった。以前、奥州平泉と京都とを結んでいた物流・交通のルートを鎌倉を中心としたルートへと作り替えようとしたのである。

富士の裾野の巻狩りは一転して、射手を選別することなく多くの御家人が射手として参加することが許された。狩猟という実戦の場で煽られた競争心と忠誠心はさまざまな混乱を生じさせたことは前述したとおりである。しかし、頼朝はその混乱を利用して、動揺する常陸国御家人たちと敵対する可能性のあった源範頼と安田義定を討つことに成功したのである。この一連の粛清は、他の御家人たちに頼朝の権力の強靱さを植え付けるのに十分な効果を果たしたといえる。

## 富士巻狩りの政治史

改めて建久四年に三ヵ月にも及ぶ大々的な巻狩りを三ヵ所で行わなければならなかった頼朝の意図を、建久二・三年の政治動向と関係づけながらまとめておこう。

建久元年末の上洛によって朝廷から「右近衛大将」という地位を得た頼朝は、それを根拠にした新しい武家政治を展開しようとした。正月早々「前右大将家政所吉書始」を行い、それまで使用していた「御判」の下文や奉書を召し返して「(将軍)家御下文」に改めること(下文改更)を宣言したことがそれをよく示している。この時、頼朝の思惑のなかには、御家人を動員した大規模な武力的示威《じい》行動をすることも視野に入っていたと思われる。

しかし、建久二年三月の武家政権の首都鎌倉の焼失や、その後の後白河法皇の死去という緊急事態に直面し、なによりも鎌倉の復興と法皇の追善に精力を傾けなければならなかった。それは法皇の四十九日法要の同三年五月八日まで続いた。そして四十九日法要を終えた六月に延び延びになっていた「恩沢の沙汰」を改めて行い、新政を再開しようとしたが、その直後の七月に征夷大将軍に任ぜられたため、新たに「将軍家政所吉書始」を行い「将軍家政所下文」に改めることにした（三度目の下文改更）。

このようにして、ようやく鎌倉殿としての積極的な政策を展開できる条件が整ったが、「旧院御一廻の程は諸国に狩猟を禁ぜらる」という制約もあって、将軍家として御家人を動員した全国的な武力的示威行動は実行することができなかった。三度も下文改更を行って鎌倉殿を中心とする政治体制を確立しつつあったにもかかわらず、肝心の武力的な示威行動は実施できなかったのである。頼朝の焦る心境が理解できる。

だからこそ、法皇の一周忌を待たず那須光助を狩りの準備のため派遣したり、二日後には駿河国「藍沢の屋形ら」を運ばせているのである。さらに、「三原野の巻狩り」の項で述べたように、二二人の「御隔心」なき御家人を選んだり、鎌倉街道上道の宿々を武蔵・上野両国の御家人に警護させる体制がそう簡単に準備できるはずがない。頼朝は一周忌があける以前から着々と準備をしていたはずなのである。このような準備があったからこそ、一周忌の八日後に三原野に出発できたのである。

そして、このようにして実施した巻狩りは、二二人の射手の限定や途中における藤沢清親のパフォーマンス、さらに小山・宇都宮・八田ら有力御家人に対する差別的な待遇などにみられるように、御家人間の競争心と名誉心を煽りつつ、頼朝＝鎌倉殿への忠誠心を計ろうとする冷徹な政治であったのであり、その上、曽我兄弟の敵討ち後の「粛清」という恐怖は、頼朝への忠誠心の絶対性を御家人のなかに深く刻み込むことに成功したのである。

以上のように、頼朝は、この三つの巻狩りを通じて、まず、三原野と那須野そして富士の裾野という三つの関東の境界を押さえるとともに、鎌倉中心の街道支配を実現したこと、第二に、頼朝政権の権力基盤である関東の御家人・武士団に対する確固たる支配を確立して、鎌倉殿としての権威をいっそう強化したこと、この二つの政治課題を実現したのであった。

# 二度の上洛と東海道の整備

### 東海道の整備

続いて、頼朝政権の首都鎌倉と京都を結ぶ基幹ルートである東海道の整備を建久元年（一一九〇）と同六年の二度の上洛と関連させながら見直しておきたい。

とはいえ、当然のことであるが、頼朝は初度の上洛まで基幹ルートである東海道の整備に着手しなかったわけではない。すでに、文治元年（一一八五）にその初期の政策が確認できる。以下、菊池紳一氏と榎原雅治氏の仕事を参考に概観しておこう（菊池一九九二、榎原二〇〇八）。

『吾妻鏡』文治元年一一月二九日条には、

今日二品、駅路の法を定めらる。この間の重事に依りて、上洛の御使・雑色《ぞうしき》ら、伊豆・駿河以西、近江国に迄《いた》るまで、権門荘々を論ぜず、伝馬《てんま》を取りて騎用すべし。且《か》つがつ到来の所において、その粮を沙汰すべきの由と云々。

鎌倉幕府の成立に伴い、使者の京都との往来が頻繁となったため、それを円滑に遂行するために、各所に伝馬を設置しようとしていたことがわかる。

次に確認できるのは建久五年のことで、『吾妻鏡』同年一一月八日条に、

八日乙未、早馬《はやうま》上下向幷びに御物の疋夫《ひっぷ》ら、海道の駅々に支配せらる。大宿の分八人、小宿の分二人と云々。これ日ごろ沙汰し置かると雖も、新宿加増の間、重ねて此の儀に及ぶと云々。

とある。この時は早馬と疋夫を置いて「海道の駅々を支配」することが命じられている。また、「新宿」の設置が問題になっているのも興味深い。新宿の設置に関しては後にやや詳しく検討するが、この整備が翌建久六年の頼朝上洛に備えたものであったことは間違いない。

実際、建久六年に入ると上洛のための準備が次々と命じられている。二月二日には「供《ぐ》奉人《ぶにん》以下路次《ろじ》条々」が沙汰されたり（『吾』同年二月二日条）、同月、雑色《ぞうしき》足立《あだち》新三郎清経《きよつね》

が御使として上洛しているが、それは「これ近日御上洛あるべきによって、海道駅家ら雑事、渡船橋用意らをまず相触れせしめんがため」であったことがそれをよく示している（『吾』同年同月八日条）。

このように頼朝の二度の上洛（建久元年と同六年）が東海道の整備に拍車をかけたことは間違いない。後述するように、建久六年度の上洛の帰路では、東海道沿いの国々の国境で守護人らを召して「善政」を施しているのもその一環であったと思われる（木村二〇〇二）。この二度の上洛の交通史的意味については後に詳述する。

また、文治元年の勝長寿院《しょうちょうじゅいん》、建久三年の永福寺、同五年の永福寺薬師堂らの落慶供養のため京都から導師を招くたびに、御家人らに東海道の駅家の準備が命じられていることも、東海道の整備を推進したと菊池氏は指摘している。

一例として永福寺《ようふくじ》薬師堂の落慶供養の場合をあげる（『吾』建久四年一〇月三日条）。

三日丙申、御堂供養の導師下向の間、海道駅家の雑事・送夫《おくりぶ》らの事、御家人らに支配せらる。今日、雑色らを付して遣わさるところ也。

導師（前法橋真円《しんえん》）を京から迎えるために、東海道の駅家の雑事や送夫らの整備が御家人らに命じられていることがわかる。このような記事は『吾妻鏡』に散見している。

これらの例から、東海道の整備が建久年間、それも頼朝の最初の上洛を契機にして本格的に整備されていったと思われる。しかし、榎原氏の詳細な研究によれば、これら東海道の宿駅が出そろうのは一三世紀なかごろであったという。

東海道整備の概略を確認した上で、もう少し詳しく二度の上洛が東海道の整備に果たした役割をみておくことにしたい。

## 初度の上洛

まず、初度、建久元年の上洛についてである。これは、前年の奥州合戦によって奥州藤原氏を討滅し、東北地方を支配下におくとともに、「奥羽の富」をわが物にした頼朝が、後白河法皇らの要請に応えて上洛したものである。在京中、法皇や天皇に謁見《えつけん》し、右近衛大将と権大納言に任命されたものの、間もなく辞任し、その後は「前右大将」などと名乗って政治を展開したことは先述した。

そのような初度の上洛の政治的意味についてはこれ以上触れないことにし、ここで確認しなければならないのは、上洛と東海道の整備との関係である。その特徴を明らかにするために、二度の上洛の日数を整理したところ表11のような結果になった。

また、二度目の上洛の時に宿泊した宿駅は近江国鏡《かがみ》宿しかわからないので、それを除いて三回の行き帰りの宿駅とその日付を記入した図29を作成した。これら二つを参考に以

表11　二度の上洛の日数

| | 日程 | 期間 |
|---|---|---|
| 初度 | 上洛：建久元年一〇月　三日鎌倉発　同年一一月　七日京都着 | 三四日 |
| | 帰鎌：同　年一二月一四日京都発　同年一二月二九日鎌倉着 | 一五日 |
| 二度目 | 上洛：建久六年　二月一四日鎌倉発　同年　三月　四日京都着 | 二〇日 |
| | 帰鎌：同七年　六月二五日京都発　同年　七月　八日鎌倉着 | 一三日 |

下を読んでいただきたい。

まず、鎌倉—京都間にかかる日数が一五日前後であったことも興味深いが、この表11からわかるのは、初度の上洛にかかっている日数の多さである。他の行程の二倍以上の日数である。これは、この年が「旱水《かんすい》」=日照りと洪水がともに激しかった所為もあったかもしれないし（『吾』建久元年九月一五日条）、出発して間もなく関下《せきもと》宿辺で陸奥国の「諸郡郷新地頭」の所務について定めたり、駿河国蒲原《かんばら》宿で近江国田根《たね》荘の地頭佐々木定綱《ささきさだつな》の押妨《おうぼう》を成敗するなど、「路駅たると雖も（略）繁務寸陰《はんむすんいん》を失わざるの故」であったことも要因であったかもしれない（『吾』建久元年一〇月五日条）。しかし、それだけではなかった。一〇月一八日、駿河国橋本《はしもと》宿では「遊女らが群参」し、連歌が行われた。『吾妻鏡』に

図29　二度の上洛の行程表（榎原二〇〇八を利用）

| 国 | 東海道の宿 | 一一九〇（往路） | 一一九〇（帰路） | 一一九六（帰路） |
|---|---|---|---|---|
| 近江 | ①野路 | 11月5・6日 | | |
| | ②草津 | | | |
| | ③守山 | | | |
| | ④鏡 | | | |
| | ⑤武佐 | | | |
| | ⑥愛知川 | | | |
| | ⑦四十九院 | | | |
| | ⑧小野 | | | |
| | ⑨箕浦・番場 | | 12月15日 | 6月28日 |
| | ⑩醒ヶ井 | | | |
| | ⑪柏原 | 11月2日 | | |
| 美濃 | ⑫垂井 | | | |
| | ⑬青墓 | 10月29日 | 12月16日 | |
| | ⑭赤坂 | | | |
| | ⑮笠縫・杭瀬川 | | | |
| | ⑯墨俣 | 10月28日 | | |
| 尾張 | ⑰小熊 | 10月28日 | 12月18日 | |
| | ⑱足近 | | | |
| | ⑲玉ノ井 | | | |
| | ⑳黒田 | | 12月17日 | |
| | ㉑下津 | | | |

| | | | | |
|---|---|---|---|---|
| | ㉒萱津 | | | 6月29日 |
| | ㉓熱田宮 | 10月27日 | | 7月1日 |
| | ㉔鳴海 | | | |
| 三河 | ㉕八橋 | | | |
| 三河 | ㉖矢作 | | | |
| 三河 | ㉗山中 | | 12月19日 | |
| 三河 | ㉘赤坂 | | | |
| 三河 | ㉙豊川 | | | |
| 三河 | ㉚渡津 | | | |
| 三河 | ㉛今橋 | | | |
| 遠江 | ㉜橋本 | 10月18日 | 12月20日 | 7月2日 |
| 遠江 | ㉝引間 | | | |
| 遠江 | ㉞池田 | | 12月21日 | |
| 遠江 | ㉟山口 | | | |
| 遠江 | ㊱見付（今之浦） | | | |
| 遠江 | ㊲袋井 | | | |
| 遠江 | ㊳掛川 | | 12月22日 | |
| 遠江 | ㊴菊川 | 10月13日 | | |
| 遠江 | ㊵播豆蔵 | | | |
| | ㊶島田 | | 12月23日 | |
| | ㊷前島 | | | |
| | ㊸藤枝 | | | |
| | ㊹岡部 | 10月12日 | | |

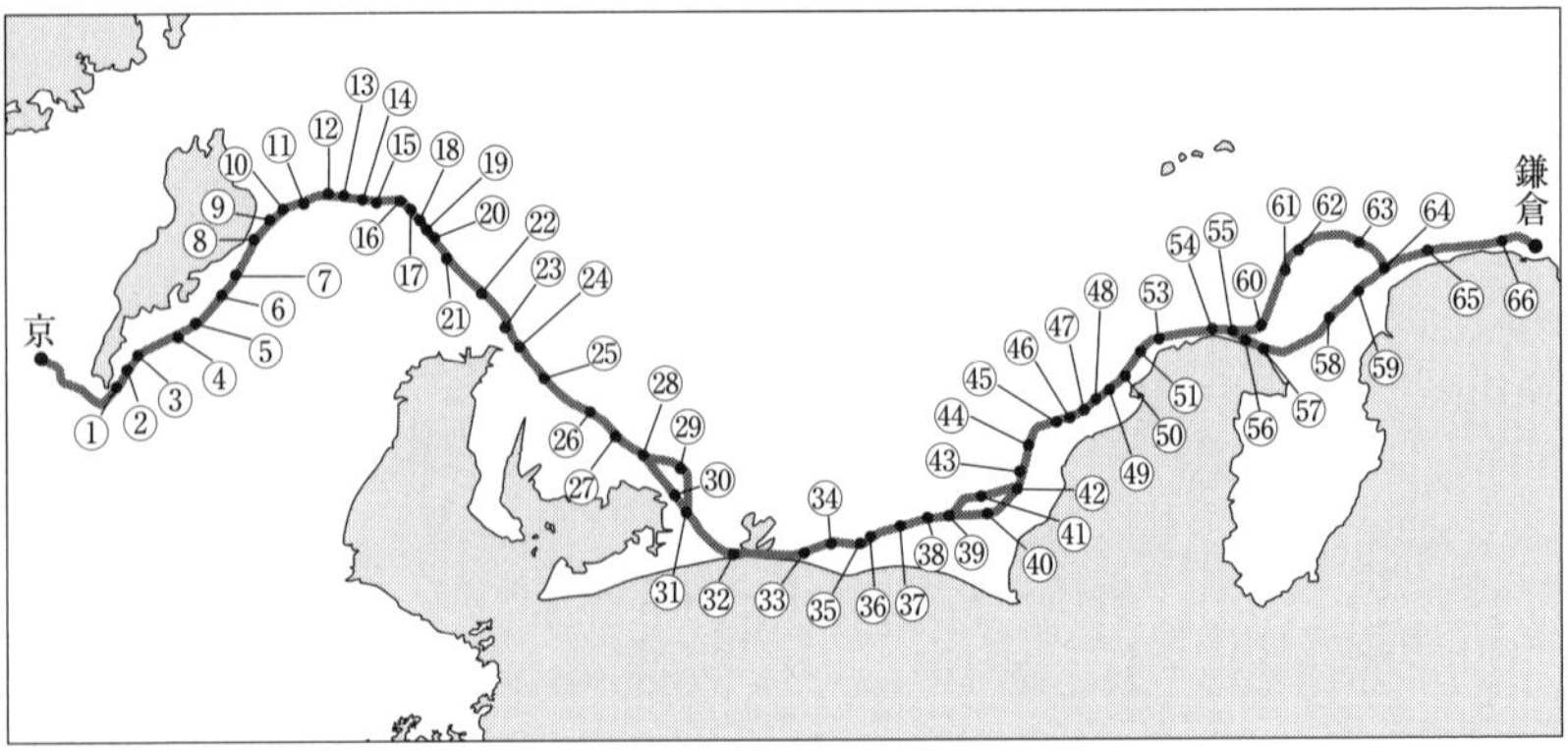

| | | | | |
|---|---|---|---|---|
| 駿河 | ㊺丸子 | | | |
| | ㊻手越 | | | |
| | ㊼駿河国府 | | 12月24日 | |
| | ㊽瀬名河 | | | |
| | ㊾宇渡浜 | | | |
| | ㊿興津 | | 12月25日 | |
| | (51)由比 | | | |
| | (52)浪の上 | | | |
| | (53)蒲原 | 10月9日 | | |
| | (54)田子 | | | |
| | (55)原中 | | | |
| | (56)車返 | | | |
| 伊豆 | (57)伊豆国府(三島) | | | |
| 相模 | (58)箱根 | | | |
| | (59)湯本 | | | |
| 駿河 | (60)黄瀬川〈足柄路〉 | | 12月26日 | 7月6日 |
| | (61)竹之下〈足柄路〉 | | 12月27日 | |
| | (62)藍沢〈足柄路〉 | | | |
| 相模 | (63)関下〈足柄路〉 | 10月5日 | | |
| | (64)酒匂 | 10月4日 | 12月28日 | |
| | (65)国府津 | | | |
| | (66)懐島 | 10月3日 | | |

図30　源義朝の墓（愛知県知多郡美浜町　大御堂寺）

は梶原景時の歌を記すほどである。二度目の帰鎌では橋本宿—熱田神宮間を一日で通過しているにもかかわらず、今回は、途中、尾張国御家人須細《すさい》為基《ためもと》の案内で同国野間《のま》荘の父故源義朝の廟堂《びょうどう》を拝したりしたため（二五日）、なんと一〇日もかかっている。一八日から二四日まで橋本宿に逗留したことになる。また、この時、美濃国青墓《あおはか》宿で、これも故義朝が寵愛した宿の長者大炊《おおい》の娘たちにあったことは前述した（二九日）。

次に宿泊した宿駅に着目すると、往復で同じ宿駅に宿泊したのは相模国酒匂《さかわ》・駿河国橋本・尾張国小熊《おぐま》と美濃国青墓の四ヵ所だけで、あとは異なった宿駅に宿泊している。これら四ヵ所が当時の東海道の主要な宿駅であったのであろう。

このように、この時の上洛は、頼朝最初の上洛であったためだと思われるが、非常にゆっくりとそして多くの異なった宿駅を利用している点に特徴があるように思う。これは、まだ東海道の宿駅が十分整っていなかったことを示すとともに、逆に異なった多くの宿駅を利用することによって宿駅の整備を意図していたとも考えることができる。三五〇騎を超える御家人が移動するのであるから、それは並大抵の準備では対応できないことは明らかである（『吾』建久元年一一月七日条）。この上洛によって東海道の宿駅・街道の整備が飛躍的に進んだことは間違いないであろう。

## 二度目の上洛

建久六年（一一九五）三月、頼朝は二度目の上洛を行う。表向きの目的は、治承四年（一一八〇）一二月平重衡《しげひら》によって焼失させられた東大寺大仏の再建落慶法要《らっけいほうよう》に出席するためであったが、もう一つの狙いは娘大姫《おおひめ》の入内問題であった。前者は無事実現したが、後者は肝心の大姫の健康問題もあって成就することはできなかった（杉橋一九七一）。

私は、これらに加えて、この上洛のもう一つの目的が、頼家の元服《げんぷく》を天皇や貴族層に承認させ、頼朝の後継者として認めさせることにあったのではないか、と考えた（木村二〇〇七）。それは、六月三日に「将軍家若君一万公、歳十四」が参内し、弓場殿《ゆばどの》において天皇と謁見し「御剣」を賜っていることからも確認できる。一万公＝頼家が一四歳であることをわざわざ注記しているのがそれを示している。

表12　頼朝の国境での「善政」

| 国名 | 宿駅名 | 守護ら | 内容 |
|---|---|---|---|
| 美濃国 | 青波賀駅 | 守護大内惟義 | 駄餉を献ず |
| 尾張国 | 萱津宿 | 守護小野成綱 | 雑事を進む |
| 遠江国 | 橋本駅 | 在庁・守護沙汰人 | 国務及び検断の事、清濁に就きて、いささか尋ね成敗せしめ給う事あり |
| 駿河国 | 黄瀬河駅 | | 駿河・伊豆両国の訴え事らの条々に善政を加えせしめ給う |

二度目の上洛の政治史的意義と関係して興味深いのは、この上洛の帰路の記事である。それは、前稿でも指摘したように（木村二〇〇二）、東海道のそれぞれの国境で「善政」を施していることである。それをまとめると表12のようになる。

駿河と伊豆の国境付近にある黄瀬河《きせがわ》駅が象徴的なように、これらの宿駅はだいたい国境付近に存在している。青波賀（墓）駅は近江から美濃へ入ったところの駅であるし、橋本は三河と遠江の境である。萱津《かやづ》宿は該当しないが、ただこれらの宿駅をならべてみると、近江—美濃—尾張—三河—遠江—駿河—伊豆—（相模）と、東海道が通っている国々がすべて網羅されていることがわかる。以上のことから、これらの宿駅が意図的に選ばれていることは間違いない。そして、その国境の宿駅に守護人らを召し、雑事や国務そして訴訟などについて善政を施しているのである。

もちろん、この善政の主体は頼朝であるが、それを行った理由は、頼家が鎌倉殿の後継者として天皇や朝廷から認定されたことを国々の守護人らに知らしめるためであったと考えられる。前稿で、これら一連のパフォーマンスを、律令時代に新任の国司を迎えるために国境で行われた行事＝「境迎《さかむか》え」にならって「建久六年の境迎え」と称したのはこのことに拠っている。

ところで、この二度目の上洛に際しては、早馬と疋夫を置いて「海道の駅々を支配」することが命じられ、また、上洛のため「供奉人《ぐぶにん》以下路次条々」が沙汰されたり（『吾』同年二月二日条）、雑色足立新三郎清経が上洛の準備として「海道駅家ら雑事、渡船橋用意らをまず相触れせしめんがため」御使として派遣されていることは前述した。このことを考えると、この帰路における「境迎え」の実施は、それらの整備を徹底させる意味もあったと考えられよう。

## 武蔵国府での「善政」

ところで、この「善政」はこれで終わったわけではなかった。『吾妻鏡』は頼朝らが鎌倉に戻って八日後の七月一六日に武蔵国の国務についても取り決めが行われたことを記している。

武蔵の国務の事、義信《よしのぶ》朝臣の成敗、もっとも民庶の雅意《がい》に叶うの由、聞こし召し及ぶにつきて、今日、御感の御書を下さると云々。向後《こうご》の国司においては、この時を守るべきの趣、壁書を府庁に置かると云々。散位盛時奉行すと云々。

平賀義信の政治が民庶（住人たち）の意に叶っていて非常によいことなので、これ以後の国司は義信の政治を守って国務を遂行するように、国府庁に壁書を設置したというのである。「民庶の雅意」を基準にしていることから判断して、これがそれまでの「善政」と同じような性格をもったものであると考えることができよう。

すなわち、頼朝（と元服した頼家）の「善政」は武蔵国まで及んでいたのである。近江国から武蔵国まで、東海道のすべての国々をカバーしていたのであった。頼朝が東海道の整備と掌握を徹底するという意志、および武蔵国府を重視するという姿勢がよく表れているということができよう。

**建久六年の政治史的意義**

東海道の整備からはやや話がずれるが、守護体制の整備と大田文《おおたぶみ》（一国別の土地台帳）の作成という視点から、建久六年（一一九五）のもつ意味について考えてみたい。

この点に関して参考になるのは田中稔氏の研究である（田中一九六三）。氏は、建久三年の後白河法皇の死を政治史的に高く評価する立場から、前述のように守護制度が本格的に展開するのが建久三年の美濃・丹波《たんば》国であったこと、さらに建久八年以降、九州地方を中心に大田文の作成が推進されることから、「建久三年以降の建久年間に整備がすすむ」と評価する。

しかし、田中氏も認めるように、美濃・丹波両国は後白河法皇の「院分国《いんぶんこく》」であるという特殊性があるし、他の多くの国で守護・御家人制が整備されるのは、若狭《わかさ》国は建久七年、薩摩国と但馬《たじま》国は建久八年、大隅《おおすみ》国は建久九年、和泉《いずみ》国は建久年間、であるように、ほとんどは建久七年以後であった（木村二〇〇二。『鎌倉遺文』八五四号、九三二号、九六九号、四七七六号など）。

また、大田文の作成も、建久八年五月に大宰府守護所が九州に対して大田文の作成を命じているのが早い例である（『鎌倉遺文』九二四号）。実際、建久八年の薩摩国・大隅国・日向《ひゅうが》国の大田文が現存している（『同』九二二号、九二三号。図31）。

その上、武蔵国でも建久七年に大田文の作成が命じられていた。『吾妻鏡』承元四年（一二一〇）三月一四日条には次のように記されている。

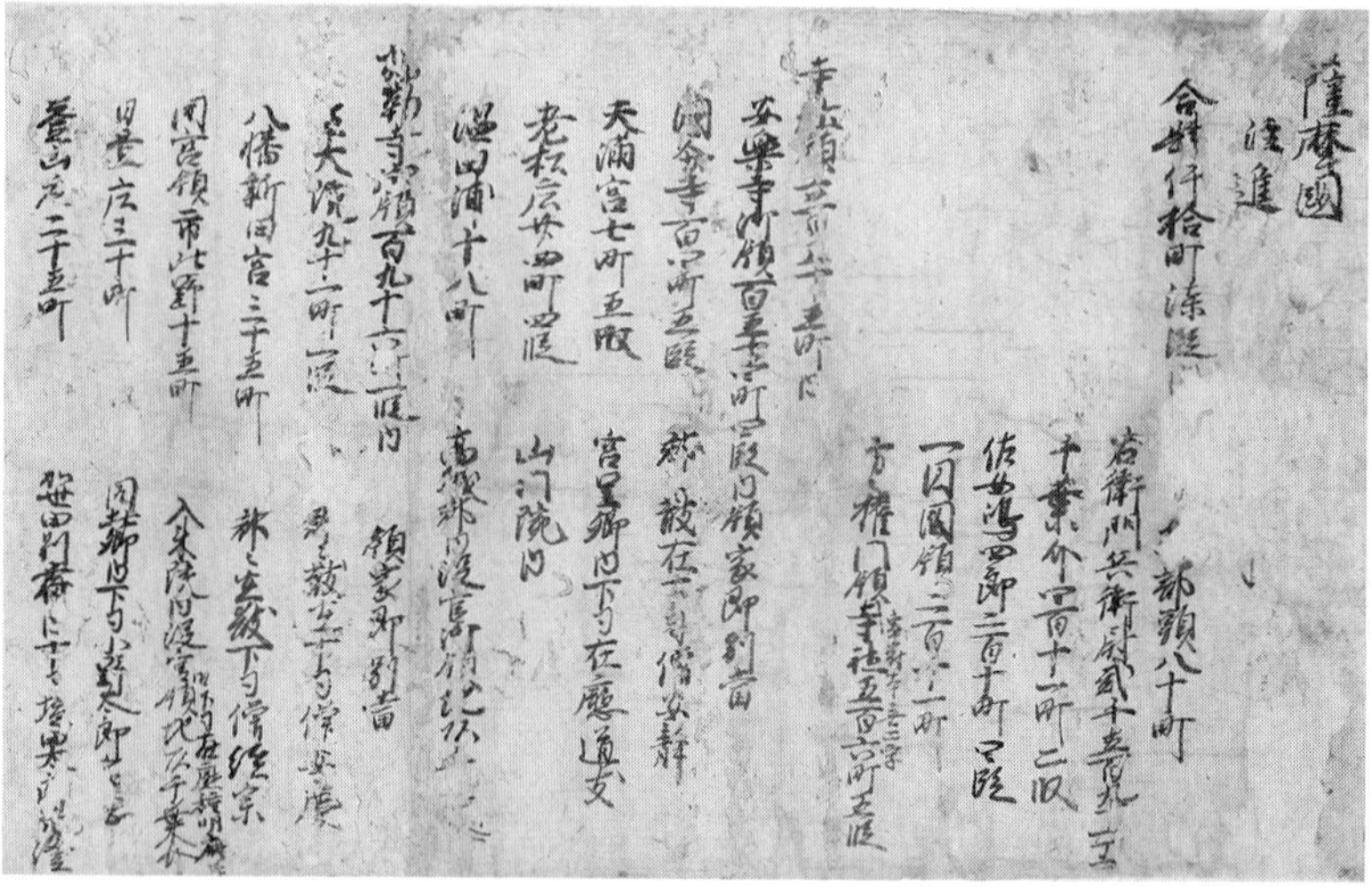

図31　薩摩国大田文（「薩州日州図田帳」より，冒頭部分，島津家文書，東京大学史料編纂所所蔵）

> 武蔵国の田文を造られ、国務の条々さらにこれを定む。当州は右大将家の御代初めに、一円に朝恩として国務せしめ給うところなり。よって建久七年に国検《こっけん》を遂げらると雖も、いまだ目録の沙汰に及ばず、と云々。

武蔵国では建久七年に大田文の作成が命じられたが、しっかりとした帳簿が作成されなかったので、承元四年に改めて大田文の作成が命じられたのである。

このように、守護・御家人制も大田文の作成も建久七年に大きな画期があったことがわかる。とくに現在のところ、大田文の最初の作成が建久七年の武蔵国であったこととの意味は大きい。なぜなら、先に指摘したように、平賀義信の国務を褒《ほ》め、今後の国務の方針を定めたのが建久六年八月であったからである。そして、これは京都からの帰路、頼朝が東海道で行った一連の「善政」の一環であった。このような時間的経過から勘案するならば、建久七年の武蔵国における大田文の作成も、建久六年の「善政」を前提に実施されたと理解できるのではないだろうか。

もし、右記のような評価が可能であれば、建久六年の頼朝の二度目の上洛の政治史的意義は改めて評価し直す必要があるように思う。

### 東海道の掌握と武蔵国府

以上、二度の上洛の様相を概観した。それぞれ頼朝の独自の政治的目的があったことは改めていうまでもない。ただ、ここで確認しておきたいことは、初度のゆっくりと日数をかけた上洛、二度目の帰路における「境迎え」を想定させるパフォーマンスなどをみても、頼朝がこの二度の上洛によって東海道を整備し、頼朝政権の基幹道路としての東海道を確実に掌握しようとしていたことが十分読み取れることである。

とくに、武家政権の首都鎌倉は、宝亀二年（七七一）に改変された後の東海道からは外

図32　武蔵国総社　大国魂神社（東京都府中市）

れた存在であったからなおさらである。先に高橋一樹氏の評価を紹介したように、中世以前の武蔵国の幹線道路は武蔵国府と相模国大磯とを結ぶ「相武（武相）ルート」であったから（高橋二〇一三）、鎌倉を中心に東海道を整備することは、頼朝政権にとってはどうしても実現しなければならない課題であった。二度の上洛は頼朝のこのような政治的目的も兼ね備えていたことを確認しておきたい。

しかし、前述のように、二度目の帰路のパフォーマンスの終着点は武蔵国府であった。これは、挙兵以来頼朝がもっとも重視していた武蔵国府を掌握するという政治路線の表れであったと考えられよう。その意味では、頼朝は挙兵時から鎌倉の地政学的位置を十分理解しており、その弱点をカバーするためにも武蔵国府を確実に押さえておかなければならないと考えたのではないだろうか。

もちろん、秩父平氏や北関東の豪族的武士団を掌握するためにも武蔵国府が重要であったことは間違いないが、古代以来、関東・奥羽を結ぶ主要幹線＝東山道武蔵道と東山道そして奥大道との結節点であった武蔵国府は、関東・奥羽の交通と物流とを掌握するためにも絶対不可欠な場所であったのであった。

齋藤慎一氏は『中世を道から読む』(二〇一〇年)のなかで、南北朝から戦国期における軍勢の集散・移動における武蔵府中の政治的位置を強調しているが、頼朝の武蔵国府重視もこれに通じているように思う。頼朝政権は首都鎌倉と武蔵国府に政権の基盤を置いていたというのはいいすぎであろうか。

# 街道整備の進展——エピローグ

## 善光寺参詣

建久八年（一一九七）三月、頼朝は信濃国善光寺《ぜんこうじ》に参詣している（相良文書）。先陣二〇名、後陣二〇名の御家人を引き連れての参詣であった。頼朝の善光寺信仰は早く、文治三年（一一八七）には善光寺勧進上人《かんじんしょうにん》の要請に応えて、善光寺再建（治承三年焼失）のため信濃国目代《もくだい》をはじめ荘園と公領の沙汰人や御家人に土木の人夫を提供することを命じている（『吾』文治三年七月二七日・二八日条）。

しかし、今回は単なる信仰に基づいた参詣とはいえない。なぜなら、随兵《ずいひょう》のなかには、北条泰時や時房など北条一門や千葉氏、葛西《かさい》氏、武田氏、梶原《かじわら》氏など有力御家人も参加しているが、さらに加々美（小笠原）長清《ながきよ》、村山義直《むらやまよしなお》、望月重隆《もちづきしげたか》、海野幸氏《うんのゆきうじ》、藤沢清親《ふじさわきよちか》など

図33　善光寺（長野県長野市）

信濃国の御家人も多数加わっているからである。とくに望月氏、海野氏はそれぞれ東山道沿いの望月牧、海野荘を本拠とする御家人であることを考えると、鎌倉街道上道《かみつみち》から東山道沿いの御家人が動員されたと考えることができよう。これらのことは、この参詣が単なる善光寺信仰にとどまらず、建久四年の三原野《みはらの》の巻狩りによって整備された上道を超えて、善光寺までの東山道を整備する意図をもっていたことは間違いないであろう。

とくに、この望月・海野氏らが拠点とする東信濃は、源義仲《よしなか》の本拠の地（依田《よだ》城）でもあったし、小県《ちいさがた》郡には国分寺・国分尼寺が存在した。また、善光寺には北信濃の支配の拠点である後庁《ごちょう》も存在するという、信濃国の政治的な拠点の一つでもあったのである（『長野県史』通史編、第二巻）。頼朝が義仲討滅後の信濃国を治めるにはどうしても掌握しておかなければならない地域であった。

## 東海道の整備と新宿

建久元年（一一九〇）と六年の二度の上洛によって東海道の整備が飛躍的に進んだことを前述したが、鎌倉幕府成立後の東海道は京―鎌倉を結ぶ主要幹線街道になったから、その後も継続的に整備が行われている。たとえば、建暦元年（一二一一）には、東海道沿いの守護・地頭は次のように命じられている（『吾』同年六月二六日条）。

（東）海道に新宿を建立すべき事、度々その沙汰ありと雖も、いまだ遵行《じゅんぎょう》せしめざるの由、その聞こえあるによって、今日、重ねて守護・地頭らに仰せらると云々。

東海道に新しい宿を建設するようにたびたび命じてきたが、まだそれが実行されていないので重ねて命じる、というのである。人とモノの移動が頻繁となり、これまでの宿駅では不足する状況であったことがわかる。

この新宿の建設はこれ以前からも命じられている。これは前述したが、建久五年に頼朝二度目の上洛に向けて「早馬上下向幷びに御物疋夫《ひっぷ》ら」の人数などが定められているが、それは「日ごろ沙汰し置かると雖も、新宿加増の間、重ねて此の儀に及ぶ」ということであった。すでに「新宿加増」という状況が生まれていたのである（『吾』同年一一月八日条)。

この新宿建設の具体的な事例として文治三年(一一八七)の美濃国と同五年の駿河国の事例をあげることができる。美濃国の場合は、同国守護大内惟義《おおうちこれよし》の「当国路駅、新宿を加うべき所々のこと」という申請に対して頼朝が許可したのがそれである(『吾』文治三年三月三日条)。

駿河国の場合は、奥州合戦の戦功を賞して手越家綱《てごしいえつな》の申請に任せて同国「麻利子《まりこ》一色」を賜い、「浪人を招き居えて駅家を建立」することを認めている(『吾』同年一〇月五日条)。手越は東海道の駿河国府の西隣の宿であり、「麻利子」=丸子《まりこ》は手越宿のさらに西隣の岡部宿との間にある地名である。手越宿から岡部宿に抜けるには宇津ノ谷峠《うつのやとうげ》を越えなければならなかったので、手越宿を支配していた御家人手越家綱は、宇津ノ谷峠の一角である麻利子に新たに「麻利子宿」の新設を申請したのであろう。

ちなみに、建長年間(一二四九〜五五)ごろにはその宇津ノ谷=「宇都谷」郷は久遠寿《くおんじゆ》量院《りょういん》領としてみえ、そこには「今宿」ができており、傀儡《くぐつ》(漂泊芸能民)の集団が住していたこと、さらにその傀儡と寺家雑掌《じけざつしょう》が「旅人雑事用途の事」など七ヵ条について争論していることがわかる(『鎌倉幕府裁許状集』上、第八五号)。

これらの事例から、東海道の交通量が大きく増大し、新宿の建設が急務の課題であったこと、そして建暦元年の史料で新宿の建設が守護・地頭に命ぜられていること、美濃国の場合は守護大内氏が、駿河国の場合は手越氏がその建設に携わっていることなどを勘案するならば、街道の整備と新宿の建設はまさに守護と地頭の任務であったといえよう。

### 早馬と送夫の数を定める

鎌倉時代も後半になると、東海道を利用した人とモノの移動が激しさを増したことを物語る史料がある。『吾妻鏡』弘長元年（一二六一）二月二五日条では、東海道を往来する使者やモノが増大し、「土民及び旅人の愁い」になっているので、早馬と「御物の送夫《おくりぶ》」の定数を定めることが六波羅探題《ろくはらたんだい》に命じられている。

早馬に関しては次のように記されている。

宿々には二疋を定め置いているが、急事でもないのに近年下向の輩が増え、三、四疋、ないしは四、五疋を要求してくる。役所がそれに応じないと「路次《ろじ》で狼藉《ろうぜき》」をするという。これはまったく良くないことである。今後はよっぽどの急用でないかぎり先例（一宿二疋）を守るように。

送夫については次のようである。

京下の御物の送夫は、責任者の申請に任せてそのまま供給していたので、人夫の数が増えてしまい、住民の煩いは多くなるばかりである。これからは、人夫を申請するときは運ぶ物の多少を調べて人数を定め、「長帳《ながちょう》」に記録しておくべきである。また、「私物の送夫」は一切停止すること。その上、夫役《ぶやく》についてはいろいろな理由をつけて「路次で狼藉」をしてはならない。

これらの記事から、人々の移動やモノの輸送が増大し、早馬でも送夫でも混乱が生じていることは明らかである。東海道の繁栄ぶりを如実に示していよう。とくに、両方において、準備された早馬や送夫が利用できない時は、路次において暴力的に使役しようとする事態が発生していることは具体的で非常に興味深い。

また、後者において「京下の御物」と「私物」が対比されているのも興味深い。その両者をどのようにして区別したのかは不明だが、京都から下ってくる公の物と私の物資が入り混じって東海道を行き来していた様子が目に浮かぶようである。さらに「長帳」という帳簿があって、物資の量とそれに用いられた人夫の人数を記録するように命じられているのも、宿の機能を考えるうえで重要である。その帳簿はだれが管理し、その後どのように使用されたのであろうか。興味は尽きない。

そして最後に、このような命令が六波羅探題に命じられていることは、東海道のなかでも六波羅探題の管轄であった三河《みかわ》国以西における混乱が激しかったことを示しているのではないだろうか。伊勢方面から来る物資、東山道から来る物資が尾張《おわり》・美濃《みの》周辺で集積されたためであろうか。

## 奥大道と鎌倉街道中道の整備

次は奥大道に関してである。奥大道に関して興味深い史料が残されている。それは建長八年（一二五六）に奥大道の夜討・強盗の警備を命じた御教書《みぎょうしょ》である（『吾』同年六月二日条、『鎌倉幕府』追加法第三〇七号）。『吾妻鏡』には、

奥の大道に夜討・強盗蜂起して、往反の旅人の煩いをなす。よって、この間度々その沙汰ありて、警固を致すべきの旨、今日、かの路次の地頭らに仰せ付けらる。

として、その後に二四名の地頭・御家人の氏名が列挙されている。そして、その後に、この条のもとになった御教書が挙げられている。一方「追加法」には御教書が記された後に二四名の氏名が列記されている。

先の『吾妻鏡』の文章は御教書の概要なので詳しい実態はわからないから、改めて御教書の内容をまとめると以下のようである。

奥大道で夜討・強盗が頻発しているという風聞がある。これは地頭・沙汰人らが対処していないためであるから、所領内の宿々に（宿）直人をおいて警固せよ。夜討・強盗をする者がいれば、自領・他領にかかわらず見隠すことをしないとの起請文《きしょうもん》（神仏への誓文）を住人らに書かせ、支配を徹底するように。もし、なおこの命令に背《そむ》き怠ることがあれば、特に御沙汰を行う。

地頭らの責任で夜討・強盗の取り締まりを強化することが厳しく命じられている。往還の増大を示す現象であろう。とくに、宿ごとに宿直《とのい》人をおいたり、近隣の住人らに摘発の起請文を書かせるなど徹底した対策がとられている点に幕府の危機感が表れている。

問題はこの奥大道がどこを指しているかである。というのは、責任をもつべき「路次の地頭」二四人の本領を推測すると、奥羽に通ずるいわゆる奥大道だけとは考えられないからである。煩雑になるが、二四人の氏名とその本領を整理すると表13のようになる。

不明な地頭もいるが、国別にまとめると、下野国―九名、陸奥国―七名、武蔵国―六名となる。奥大道といいながら、武蔵国武士も警固を命じられていることを考えれば、これは狭義の奥大道（鎌倉街道中道《なかつみち》に接続して平泉まで通じる道）ではなく、その鎌倉街道中道を含んだ広義の奥大道であったと考えるべきであろう。それは、ここにあげられている武蔵国から下野国にかけての武士の本拠を地図上に落としてみると歴然である。図34をみると明らかなように、それらは武蔵国平間《ひらま》から下野国氏家《うじいえ》までの鎌倉街道中道に沿った地名であったのである。すなわち、建長八年のこの命令は、鎌倉街道中道から奥大道全体の治安の維持と街道の整備を求めたものであったと理解できる。

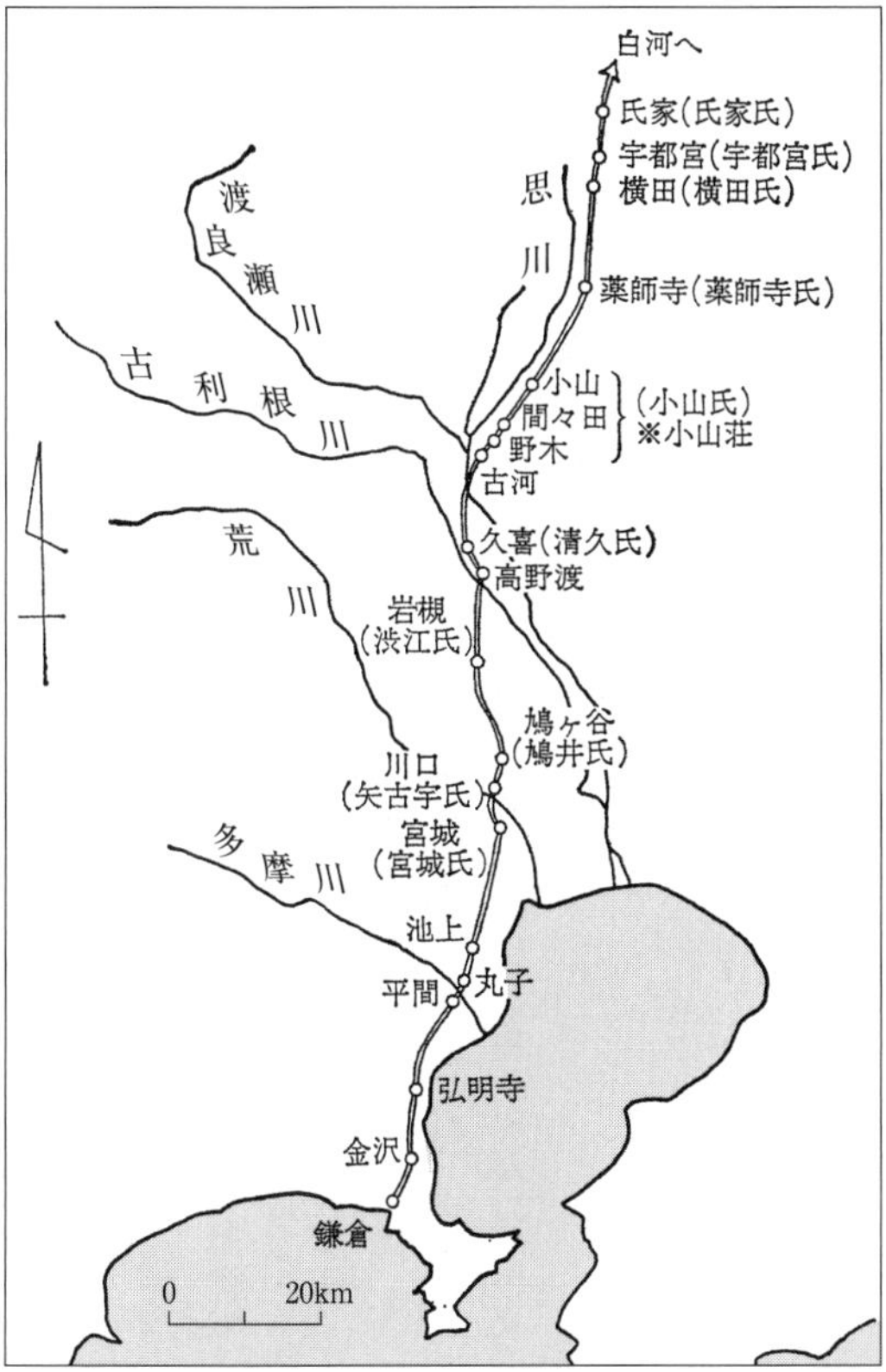


図34　奥大道推定図（建長８年段階，武井佐久三作成，『小山市史』通史編より）

表13　建長八年の御教書に記載された地頭の氏名と本拠

| 氏　名 | 本拠地（推定を含む） |
|---|---|
| 小山出羽前司（小山長村） | 小山氏の嫡流。下野国小山荘（寒河御厨）を本拠 |
| 宇都宮下野前司（宇都宮泰綱） | 宇都宮氏の嫡流。下野国宇都宮地方を本拠 |
| 阿波前司（薬師寺朝村） | 小山朝政の男、下野国薬師寺郷を本拠 |
| 周防五郎兵衛尉（塩屋親時） | 塩谷氏は下野国塩屋荘を本拠 |
| 氏家余三跡 | 氏家氏は下野国氏家郡を本拠 |
| 壱岐六郎左衛門尉（葛西朝清） | 葛西清重の男。清重は奥州総奉行。陸奥国を支配 |
| 同　七郎左衛門尉（葛西時重） | 同右 |
| 出羽四郎左衛門尉（中条光家） | 中条家長の男 |
| 陸奥留守兵衛尉（留守恒家） | 陸奥留守所伊沢（留守）家景の弟 |
| 宮城右衛門尉 | 家景の弟家業の子孫か。武蔵国豊島郡宮城を本拠とする武士 |
| 和賀三郎兵衛尉（和賀行時） | 陸奥国和賀郡を本拠とする武士 |
| 同　五郎右衛門尉（和賀景行） | 同右 |
| 葦野地頭 | 現、栃木県那須町芦野を支配した地頭（氏名不詳） |
| 福原小太郎 | 下野国那須郡福原を本拠とする地頭か |
| 渋江太郎兵衛尉 | 武蔵国渋江郷（現、岩槻市）を本拠とする武士か |
| 伊古宇又二郎 | |
| 平間郷地頭 | 武蔵国橘樹郡（現、川崎市）を本拠とする武士か |
| 清久右衛門二郎 | 武蔵国清久郷（現、久喜市）を本拠とする武士か |

| | |
|---|---|
| 鳩井兵衛尉跡（鳩井重元跡） | 武蔵国鳩谷郷（現、鳩ヶ谷市）を本拠とする武士 |
| 那須肥前前司（那須資村） | 下野国那須郡を本拠とする武士 |
| 宇都宮五郎兵衛尉（宇都宮泰親） | 宇都宮頼業の男。下野国横田を本拠 |
| 岩手左衛門太郎 | 陸奥国岩手郡を本拠とする武士か |
| 岩手二郎 | 同右 |
| 矢古宇右衛門次郎 | 武蔵国矢古宇郷（現、川口市・草加市）を本拠とする武士か |

本拠地の推定については五味文彦他編『現代語訳　吾妻鏡』第一四巻（吉川弘文館、二〇一四年）の注を参考にした。

三年前（建長五年）に、「諸国郡荘園地頭代、且《か》つは存知せしめ、且つは沙汰致すべき条々」として、一三ヵ条の法令が発布され、その第一条に「重犯山賊・海賊・夜討・強盗」があげられ、第二条では「殺害付けたり刃傷人の事」、第三条で「窃盗の事」があげられているように（「追加法」第二八二条〜二九四条）、この時期、地頭・地頭代の検断《けんだん》沙汰《ざた》が強化されている。年次が近いことを勘案すると、建長八年の奥大道の警備に関する御教書がこの法令に関連するとも考えられるが、奥大道で人・モノの通交が激しくなり、それに伴って増大する犯罪の取り締まりが鎌倉街道中道から奥大道沿いに拠点をもつ御家人らに命じられていたことは間違いない。中道・奥大道の繁栄ぶりを伝える史料ということができよう。

最後に、この中道に関する史料をもう一通紹介しておこう。それは元亨四年（一三二四）の関東御教書である（『鎌倉遺文』二八八〇五）。そこには次のように記されている。

遠江国天竜河・下総国高野川両所の橋の事。仰せ付けらるところなり。早く先例に任せて沙汰致すべきの状、仰せによりて執達件の如し。

元亨四年八月二五日

相模守（北条高時）（花押）

修理権大夫（北条貞顕）（花押）

称名寺長老

遠江国の天竜川と下総国の高野川に架かる橋の管轄が称名寺長老に認められている。いうまでもなく天竜川は東海道の渡河点であり、高野川は古利根川のことで、高野は鎌倉街道中道がそれを渡る渡河点であった。鎌倉時代末期に、この両所に橋が架けられていたことがわかる貴重な史料といえよう。称名寺は、ここを渡る旅人や荷物に橋賃を課する権限が認められていたのであろう。

## 承久の乱と街道

時期はさかのぼるが、やはり鎌倉幕府の交通路の整備を考える時、重要なのは承久の乱であろう。最後に本書のまとめとして、承久の乱と街道の整備について触れておきたい。

承久の乱とは、いうまでもなく、源家三代将軍の実朝《さねとも》暗殺後の幕府内部の動揺を狙って、承久三年（一二二一）に後鳥羽上皇が起こした倒幕運動に端を発した合戦である。上皇の執権義時《よしとき》追討宣旨に対抗して、頼朝の妻政子が「頼朝の恩に報いよ」という檄《げき》をとばしたため、御家人間の動揺も押さえられた、という話は有名である。結果、一九万騎といわれる武士団が東海道軍一〇万余騎、東山道軍五万余騎、北陸道軍四万余騎の三手に分かれて京へ向かった。幕府軍の軍事力の優位は絶対的で、合戦はわずか一ヵ月あまりで決着した。その後、三上皇の配流、六波羅探題の設置、朝廷方所領約三〇〇〇ヵ所の没収と新補地頭《しんぽじとう》の補任など、幕府の支配権と支配領域が大きく拡大したことは周知の事実である。

ここで指摘しておきたいことは、三軍の構成の特徴についてである。先の善光寺参詣がそうであったように、この合戦においてもそれぞれの街道沿いに本拠をもつ御家人が動員されていることである。

たとえば、北陸道軍は北条朝時・結城朝広《ゆうきともひろ》など有力御家人を大将としつつも、小国《おぐに》氏、金津《かなつ》氏、加地《かじ》氏、小出《こいで》氏、五十嵐氏など越後国に本拠をもつ御家人が多く参加しているし、東山道軍は古活字本『承久記』によれば次のようである（＊印は信濃国御家人、☆印は甲斐国御家人、ないし推定される御家人である。比定にあたっては井原今朝男氏のご教示を得た）。

☆武田氏、＊小笠原氏、＊遠山氏、＊諏訪氏、＊伊具《いぐ》氏、☆南具（奈古カ）氏、☆浅利氏、☆平井

氏、☆秋山氏、二宮氏、＊星名《ほしな》氏、筒井氏、河野氏、小柳氏、西寺氏、＊有賀氏、☆南部氏、☆辺見氏、轟木《とどろき》氏、＊布施氏、＊甕《もたい》氏、＊望月氏、＊禰津《ねづ》氏、矢原氏、塩川氏、☆小山田氏、＊千野氏、黒田氏、大籬《おおまがき》氏、＊海野氏、これからわかるように、東山道軍の大半は信濃・甲斐両国の御家人によって構成されていた。

このように北陸道にしろ東山道にしろ、その街道沿いに拠点をもつ御家人が四万、五万人も動員されていたことは注目しなければならない。街道沿いに拠点をもつ御家人らが大挙して行軍することによって、当然のことながらその街道および宿駅の整備も進められたことは間違いないであろう。奥州合戦が武家政権の首都鎌倉から以東の主要幹線の整備を伴っていたこととの対比でいえば、承久の乱は鎌倉より以西の主要幹線の整備をもたらしたということができよう。これら全体的な整備を前提に、先述してきた鎌倉街道上道、東海道さらに鎌倉街道中道・奥大道の整備も進められたのである。

# あとがき

鎌倉時代を研究する者にとって、一度は取り組んでみたいと思うテーマは「鎌倉幕府」論であろう。しかし、一度取り組んでみると、その課題の多さ、研究史の長さと深さに驚かされてしまい、どこから手を付けたらよいのか、と戸惑われた方も多いのではないだろうか。私もその一人であるが、私の場合は、自分の研究課題としてではなく、自治体史編纂という仕事からこの課題に取り組んだため、意外にその戸惑いは深くなかった。

また、自治体史編纂という仕事柄から、その自治体との「関係」として鎌倉幕府を考え、執筆することが課題だったので、これまでの「源平の内乱史」という大テーマではなく、地域に根ざした政治史の可能性をみつけることができたのは幸いであった。

もう一つ、鎌倉幕府論を相対化する視点を得たのは、近年の奥州藤原政権の首都平泉に関する研究の進展である。とくに、北奥羽さらには北海道まで広がる交易のルートとその実態の解明は、これまでの鎌倉幕府成立史を相対化する上で重要な視点を与えてくれた。頼朝政権の首都鎌倉が成立する以前の巨大都市平泉の存在は、奥州藤原政権を単に政治権力という側面だけではなく、交通・物流の中心としての都市平泉を掌握していた政権として評価しなければならないことを気づかせてくれた。

これら二つが契機となって本書は生まれた。都市鎌倉を過小評価し過ぎているのではないか、という批判を受けそうだが、逆にこれまでの研究は、その初期の段階から都市鎌倉の地位を高く評価しすぎているのではないか、というのが実感である。

それにしても中世成立期の東国社会の研究はおもしろい。先ほども述べたが、当該期の東北地方の富の豊かさとその政治的な力量が明らかになることによって、東北と京都とを繋ぐ東国社会の政治的位置が一層高まってきたからである。

今回は北関東の東山道沿いの豪族的武士団——新田・足利・小山《おやま》氏などしか十分位置づけられなかったが、常陸南部の八田《はった》氏・大掾《だいじよう》氏・佐竹氏、野木宮《のぎみや》合戦の際の志太《しだ》氏・下《しも》河辺《こうべ》氏の動向も、右記のような視点を生かして新たに評価し直す必要があろう。

その時、ぜひ重視していただきたいのが、物流とそれを担う交通の問題である。本書は『頼朝と街道』と題しながらも、街道・交通・物流の具対相に十分切り込んでいるとはいいがたい。茨城県教育委員会の調査報告書「鎌倉街道と中世の道」のような仕事と、「京都系手づくねかわらけ」や「柱状高台《ちゅうじょうこうだい》」の分布など考古学的成果を採り入れることによって、一二世紀の東国社会の実相はより豊かになるに違いない。本書がその呼び水となれば幸いである。

さて、本書のベースになっているのは、一二世紀の東山道の位置に関心をもって発表した「中世前期東山道と東海道の政治史」（二〇一四年）と、この論考を発展させて報告した「東国の古代から中世を考える―「東山道」の視点から―」（二〇一六年）の二つの仕事である。それぞれ報告の機会を与えてくださった中央史学会と埼玉県嵐山史跡の博物館に感謝の意を表したい。

最後に、本書の出版をすすめていただいた吉川弘文館の石津輝真氏にお礼を申し上げる。

二〇一六年七月二十二日　古稀の日に

木村茂光

# 参考文献

秋山哲雄　二〇一〇　『都市鎌倉の中世史―吾妻鏡の舞台と主役たち―』（吉川弘文館）
秋山哲雄　二〇一四　「都市史からみた鎌倉研究の現状と未来」（中世都市研究会編『鎌倉研究の未来』山川出版社）
網野善彦　一九七六　「鎌倉の「地」と地奉行」（『網野善彦著作集』第一三巻、岩波書店、二〇〇七）
飯村　均　二〇一六　「奥羽からみた関東」（埼玉県立嵐山史跡の博物館編『平成二七年度シンポジウム検証！　古代から中世へ―東国の視点から―　資料集』）
石井　進　一九六二　「志太義広の蜂起は果たして養和元年の事実か」（『石井進著作集』第五巻、岩波書店、二〇〇五）
石母田正　一九六〇　「鎌倉幕府一国地頭職の成立」（『石母田正著作集』第九巻、岩波書店、一九八九）
伊藤喜良　一九八八　「ケガレ観と鎌倉幕府」（『日本中世の王権と権威』思文閣出版、一九九三）
茨城県教育委員会　二〇一五　『茨城県歴史の道調査事業報告書中世編「鎌倉街道と中世の道」』
入間田宣夫　二〇一六　『藤原秀衡―義経を大将軍として国務せしむべし―』（ミネルヴァ書房）
上横手雅敬　一九七二　「建久元年の歴史的意義」（『鎌倉時代政治史研究』吉川弘文館、一九九一）
宇留野主税　二〇一二　「桜川市・筑西市の鎌倉街道」（茨城大学人文学部「地域シンポジウム　茨城の鎌倉街道―その歴史と沿道の文化遺産―」報告レジュメ）

宇留野主税　二〇一五「筑西市・桜川市周辺の鎌倉街道」（茨城県教育委員会編『茨城県歴史の道調査事業報告書中世編「鎌倉街道と中世の道」』）
榎原雅治　二〇〇八『中世の東海道をゆく』（中央公論新社）
遠藤基郎　二〇一五「基衡の苦悩」（柳原敏昭編『平泉の光芒』「東北の中世史」第一巻、吉川弘文館）
大山喬平　一九七六a「文治国地頭の存在形態」（柴田実先生古稀記念会編『日本文化史論叢』）
大山喬平　一九七六b「文治国地頭制の停廃をめぐって」（横田健一先生還暦記念会編『日本史論叢』）
鎌倉佐保　二〇〇三「浅間山噴火と中世荘園の形成」（『日本中世荘園制成立史論』塙書房、二〇〇九）
川合　康　一九八九「奥州合戦ノート」（『鎌倉幕府成立史の研究』校倉書房、二〇〇四）
川合　康　一九九六『源平合戦の虚像を剝ぐ―治承・寿永内乱史研究―』（講談社、二〇一〇）
川合　康　二〇〇四『鎌倉幕府成立史の研究』（校倉書房）
川合　康　二〇〇九『源平の内乱と公武関係』（「日本中世の歴史」第三巻、吉川弘文館）
川尻秋生　二〇〇七『平将門の乱』（「戦争の日本史」第四巻、吉川弘文館）
菊池紳一　一九九二「鎌倉幕府の交通政策」（児玉幸多編『日本交通史』吉川弘文館）
木村茂光　一九九七『「国風文化」の時代』（青木書店）
木村茂光　二〇〇二「建久六年頼朝上洛の政治史的意義」（『初期鎌倉政権の政治史』同成社、二〇一一）
木村茂光　二〇〇七「富士巻狩りの政治史」（同右）
木村茂光　二〇一三「大蔵合戦再考」（『府中郷土の森博物館紀要』第二六号）

木村茂光　二〇一四a　「中世前期東山道と東海道の政治史」（『中央史学』第三七号）
木村茂光　二〇一四b　「金砂合戦と初期頼朝政権の政治史」（『帝京史学』第二九号）
木村茂光　二〇一六　「東国の古代から中世を考える―「東山道」の視点から―」（埼玉県立嵐山史跡の博物館編『平成二七年度シンポジウム　検証！　古代から中世へ―東国の視点から―　資料集』）
埼玉県立嵐山史跡の博物館　二〇一六　『中世黎明―時代を変えた武士と民衆―』企画展図録
齋藤慎一　二〇一〇　『中世を道から読む』（講談社）
斉藤利男　二〇一四　『平泉　北方王国の夢』（講談社）
櫻井陽子　二〇〇四　「頼朝の征夷大将軍任官をめぐって―『三槐荒涼抜書要』の翻刻と紹介―」（『明月記研究』第九号）
清水　亮　二〇一五　「東北の荘園と公領」（七海雅人編『鎌倉幕府と東北』「東北の中世史」第二巻、吉川弘文館）
新城常三　一九四三　『戦国時代の交通』（畝傍書房）
新城常三　一九六七　『鎌倉時代の交通』（吉川弘文館）
杉橋隆夫　一九七一　「鎌倉初期の公武関係」（『史林』第五四巻六号）
杉橋隆夫　一九八三　「鎌倉右大将家と征夷大将軍」（『立命館史学』第四号）
鈴木哲雄　一九九四　「香取内海の歴史風景」（『中世関東の内海世界』岩田書院、二〇〇五）
鈴木哲雄　二〇一二　『平将門と東国武士団』（「動乱の東国史」第一巻、吉川弘文館）
高橋　修　二〇〇七　「内海世界をめぐる武士勢力の連携と競合―金砂合戦（佐竹攻め）の評価をめぐ

って―」（茨城県立歴史館編『中世東国の内海世界』高志書院）
高橋　修　二〇一〇「再考　平将門の乱」（入間田宣夫編『兵たちの登場』高志書院）
高橋　修　二〇一五「茨城の鎌倉街道と中世道」（茨城県教育委員会編『茨城県歴史の道調査事業報告書中世編「鎌倉街道と中世の道」総論』）
高橋一樹　二〇一三『東国武士団と鎌倉幕府』（「動乱の東国史」第二巻、吉川弘文館）
高橋昌明　一九七六「武士の発生とその性格」（『歴史公論』第八号）
田中　稔　一九六三「鎌倉初期の政治過程―建久年間を中心として―」（『鎌倉幕府御家人制度の研究』吉川弘文館、一九九一）
谷口　榮　二〇一二「葛西清重の軌跡」（埼玉県立嵐山史跡の博物館・葛飾区郷土と天文の博物館編『秩父平氏の盛衰』勉誠出版）
野口　実　一九八二「平氏政権下における坂東武士団」（『坂東武士団の成立と発展』戎光祥出版、二〇一三）
野口　実　二〇〇七『源氏と坂東武士』（吉川弘文館）
樋口知志　二〇一一『前九年・後三年合戦と奥州藤原氏』（高志書院）
菱沼一憲　二〇一五「総論　章立てと先行研究・人物史」（菱沼編著『源範頼』「シリーズ・中世関東武士の研究」第一四巻、戎光祥出版）
菱沼一憲　二〇一六「野木宮の合戦再考―内乱における「合力」―」（『地方史研究』第三七九号）
松尾剛次　一九九二「武士の首都「鎌倉」の成立」（石井進編『都と鄙の中世史』吉川弘文館）

水口由紀子　二〇一六「経塚からみた中世成立期」（埼玉県立嵐山史跡の博物館編『平成二七年度シンポジウム　検証！　古代から中世へ―東国の視点から―　資料集』）
峰岸純夫　一九九三「浅間山の爆発と荘園の形成」（『中世　災害・戦乱の社会史』吉川弘文館、二〇〇一）
宮内教男　二〇一〇「金砂合戦と常陸佐竹氏」（高橋修編『実像の中世武士団―北関東のもののふたち―』高志書院）
村井章介　一九九五「王土王民思想と九世紀の転換」（『日本中世境界史論』岩波書店、二〇一三）
元木泰雄　二〇一一『河内源氏―頼朝を生んだ武士本流―』（中央公論新社）

著者紹介

一九四六年、北海道に生まれる
一九七〇年、東京都立大学人文学部史学専攻卒業
一九七八年、大阪市立大学大学院文学研究科博士課程国史学専攻単位取得退学
現在、帝京大学文学部教授・東京学芸大学名誉教授、博士(文学)


主要著書

『日本古代・中世畠作史の研究』(校倉書房、一九九二年)、『初期鎌倉政権の政治史』(同成社、二〇一一年)、『日本中世百姓成立史論』(吉川弘文館、二〇一四年)


歴史文化ライブラリー
435

# 頼朝と街道
## 鎌倉政権の東国支配

二〇一六年(平成二十八)十月一日　第一刷発行

著　者　木《き》村《むら》茂《しげ》光《みつ》

発行者　吉川道郎

発行所　株式会社　吉川弘文館
東京都文京区本郷七丁目二番八号
郵便番号一一三—〇〇三三
電話〇三—三八一三—九一五一〈代表〉
振替口座〇〇一〇〇—五—二四四
http://www.yoshikawa-k.co.jp/

印刷＝株式会社 平文社
製本＝ナショナル製本協同組合
装幀＝清水良洋・柴崎精治




ISBN978-4-642-05835-3

歴史文化ライブラリー

1996. 10

## 刊行のことば

現今の日本および国際社会は、さまざまな面で大変動の時代を迎えておりますが、近づきつつある二十一世紀は人類史の到達点として、物質的な繁栄のみならず文化や自然・社会環境を謳歌できる平和な社会でなければなりません。しかしながら高度成長・技術革新にともなう急激な変貌は「自己本位な刹那主義」の風潮を生みだし、先人が築いてきた歴史や文化に学ぶ余裕もなく、いまだ明るい人類の将来が展望できていないようにも見えます。このような状況を踏まえ、よりよい二十一世紀社会を築くために、人類誕生から現在に至る「人類の遺産・教訓」としてのあらゆる分野の歴史と文化を「歴史文化ライブラリー」として刊行することといたしました。

小社は、安政四年（一八五七）の創業以来、一貫して歴史学を中心とした専門出版社として書籍を刊行しつづけてまいりました。その経験を生かし、学問成果にもとづいた本叢書を刊行し社会的要請に応えて行きたいと考えております。

現代は、マスメディアが発達した高度情報化社会といわれますが、私どもはあくまでも活字を主体とした出版こそ、ものの本質を考える基礎と信じ、本叢書をとおして社会に訴えてまいりたいと思います。これから生まれでる一冊一冊が、それぞれの読者を知的冒険の旅へと誘い、希望に満ちた人類の未来を構築する糧となれば幸いです。

吉川弘文館

## 歴史文化ライブラリー

### 中世史

源氏と坂東武士——野口　実
熊谷直実 中世武士の生き方——高橋　修
頼朝と街道 鎌倉政権の東国支配——木村茂光
鎌倉源氏三代記 一門・重臣と源家将軍——永井　晋
吾妻鏡の謎——奥富敬之
鎌倉北条氏の興亡——奥富敬之
三浦一族の中世——高橋秀樹
都市鎌倉の中世史 吾妻鏡の舞台と主役たち——秋山哲雄
源　義経——元木泰雄
弓矢と刀剣 中世合戦の実像——近藤好和
騎兵と歩兵の中世史——近藤好和
その後の東国武士団 源平合戦以後——関　幸彦
声と顔の中世史 戦さと訴訟の場景より——蔵持重裕
運　慶 その人と芸術——副島弘道
乳母の力 歴史を支えた女たち——田端泰子
荒ぶるスサノヲ、七変化 〈中世神話〉の世界——斎藤英喜
曽我物語の史実と虚構——坂井孝一
親鸞と歎異抄——今井雅晴
捨聖《すてひじり》一　遍——今井雅晴
神や仏に出会う時 中世びとの信仰と絆——大喜直彦
神風の武士像 蒙古合戦の真実——関　幸彦
鎌倉幕府の滅亡——細川重男
足利尊氏と直義 京の夢、鎌倉の夢——峰岸純夫
高　師直 室町新秩序の創造者——亀田俊和
新田一族の中世 「武家の棟梁」への道——田中大喜
地獄を二度も見た天皇 光厳院——飯倉晴武
東国の南北朝動乱 北畠親房と国人——伊藤喜良
南朝の真実 忠臣という幻想——亀田俊和
中世の巨大地震——矢田俊文
大飢饉、室町社会を襲う！——清水克行
贈答と宴会の中世——盛本昌広
中世の借金事情——井原今朝男
庭園の中世史 足利義政と東山山荘——飛田範夫
土一揆の時代——神田千里
山城国一揆と戦国社会——川岡　勉
一休とは何か——今泉淑夫
中世武士の城——齋藤慎一
武田信玄——平山　優
歴史の旅 武田信玄を歩く——秋山　敬
戦国大名の兵粮事情——久保健一郎
戦乱の中の情報伝達 使者がつなぐ中世京都と在地——酒井紀美

## 歴史文化ライブラリー



### 近世史

# 歴史文化ライブラリー

宿場の日本史 街道に生きる——宇佐美ミサ子
江戸のパスポート 旅の不安はどう解消されたか——柴田 純
〈身売り〉の日本史 人身売買から年季奉公へ——下重 清
江戸の捨て子たち その肖像——沢山美果子
歴史人口学で読む江戸日本——浜野 潔
それでも江戸は鎖国だったのか オランダ宿 日本橋長崎屋——片桐一男
江戸の文人サロン 知識人と芸術家たち——揖斐 高
エトロフ島 つくられた国境——菊池勇夫
江戸時代の医師修業 学問・学統・遊学——海原 亮
江戸の流行り病 麻疹騒動はなぜ起こったのか——鈴木則子
江戸幕府の日本地図 国絵図・城絵図・日本図——川村博忠
江戸城が消えていく 『江戸名所図会』の到達点——千葉正樹
都市図の系譜と江戸——小澤 弘
江戸の地図屋さん 販売競争の舞台裏——俵 元昭
近世の仏教 華ひらく思想と文化——末木文美士
江戸時代の遊行聖——圭室文雄
ある文人代官の幕末日記 林鶴梁の日常——保田晴男
幕末の世直し 万人の戦争状態——須田 努
幕末の海防戦略 異国船を隔離せよ——上白石 実
江戸の海外情報ネットワーク——岩下哲典
黒船がやってきた 幕末の情報ネットワーク——岩田みゆき
幕末日本と対外戦争の危機 下関戦争の舞台裏——保谷 徹

## 近・現代史

五稜郭の戦い 蝦夷地の終焉——菊池勇夫
幕末明治 横浜写真館物語——斎藤多喜夫
横井小楠 その思想と行動——三上一夫
水戸学と明治維新——吉田俊純
大久保利通と明治維新——佐々木 克
旧幕臣の明治維新 沼津兵学校とその群像——樋口雄彦
維新政府の密偵たち 御庭番と警察のあいだ——大日方純夫
明治維新と豪農 古橋暉皃の生涯——高木俊輔
京都に残った公家たち 華族の近代——刑部芳則
文明開化 失われた風俗——百瀬 響
西南戦争 戦争の大義と動員される民衆——猪飼隆明
大久保利通と東アジア 国家構想と外交戦略——勝田政治
自由民権運動の系譜 近代日本の言論の力——稲田雅洋
明治の政治家と信仰 クリスチャン民権家の肖像——小川原正道
福沢諭吉と福住正兄《ふくずみまさえ》 世界と地域の視座——金原左門
日赤の創始者 佐野常民《つねたみ》——吉川龍子
文明開化と差別——今西 一
アマテラスと天皇 〈政治シンボル〉の近代史——千葉 慶
大元帥と皇族軍人 明治編——小田部雄次

## 歴史文化ライブラリー

明治の皇室建築 国家が求めた〈和風〉像 — 小沢朝江
皇居の近現代史 開かれた皇室像の誕生 — 河西秀哉
明治神宮の出現 — 山口輝臣
神都物語 伊勢神宮の近現代史 — ジョン・ブリーン
日清・日露戦争と写真報道 戦場を駆ける写真師たち — 井上祐子
博覧会と明治の日本 — 國 雄行
公園の誕生 — 小野良平
啄木短歌に時代を読む — 近藤典彦
町火消たちの近代 東京の消防史 — 鈴木 淳
鉄道忌避伝説の謎 汽車が来た町、来なかった町 — 青木栄一
軍隊を誘致せよ 陸海軍と都市形成 — 松下孝昭
家庭料理の近代 — 江原絢子
お米と食の近代史 — 大豆生田 稔
日本酒の近現代史 酒造地の誕生 — 鈴木芳行
失業と救済の近代史 — 加瀬和俊
近代日本の就職難物語 「高等遊民」になるけれど — 町田祐一
選挙違反の歴史 ウラからみた日本の一〇〇年 — 季武嘉也
海外観光旅行の誕生 — 有山輝雄
関東大震災と戒厳令 — 松尾章一
モダン都市の誕生 大阪の街・東京の街 — 橋爪紳也
激動昭和と浜口雄幸 — 川田 稔
昭和天皇とスポーツ 〈玉体〉の近代史 — 坂上康博
昭和天皇側近たちの戦争 — 茶谷誠一
大元帥と皇族軍人 大正・昭和編 — 小田部雄次
海軍将校たちの太平洋戦争 — 手嶋泰伸
植民地建築紀行 満洲・朝鮮・台湾を歩く — 西澤泰彦
帝国日本と植民地都市 — 橋谷 弘
稲の大東亜共栄圏 帝国日本の〈緑の革命〉 — 藤原辰史
地図から消えた島々 幻の日本領と南洋探検家たち — 長谷川亮一
日中戦争と汪兆銘《おうちょうめい》 — 小林英夫
自由主義は戦争を止められるのか 芦田均・清沢洌・石橋湛山 — 上田美和
モダン・ライフと戦争 スクリーンのなかの女性たち — 宜野座菜央見
彫刻と戦争の近代 — 平瀬礼太
特務機関の謀略 諜報とインパール作戦 — 山本武利
首都防空網と〈空都〉多摩 — 鈴木芳行
陸軍登戸研究所と謀略戦 科学者たちの戦争 — 渡辺賢二
帝国日本の技術者たち — 沢井 実
〈いのち〉をめぐる近代史 堕胎から人工妊娠中絶へ — 岩田重則
戦争とハンセン病 — 藤野 豊
「自由の国」の報道統制 大戦下の日系ジャーナリズム — 水野剛也
敵国人抑留 戦時下の外国民間人 — 小宮まゆみ
銃後の社会史 戦死者と遺族 — 一ノ瀬俊也

## 歴史文化ライブラリー

海外戦没者の戦後史 遺骨帰還と慰霊——浜井和史
国民学校 皇国の道——戸田金一
学徒出陣 戦争と青春——蜷川壽惠
〈近代沖縄〉の知識人 島袋全発の軌跡——屋嘉比 収
沖縄戦 強制された「集団自決」——林 博史
原爆ドーム 物産陳列館から広島平和記念碑へ——頴原澄子
戦後政治と自衛隊——佐道明広
米軍基地の歴史 世界ネットワークの形成と展開——林 博史
沖縄 占領下を生き抜く 軍用地・通貨・毒ガス——川平成雄
昭和天皇退位論のゆくえ——冨永 望
紙 芝居 街角のメディア——山本武利
団塊世代の同時代史——天沼 香
闘う女性の20世紀 地域社会と生き方の視点から——伊藤康子
丸山真男の思想史学——板垣哲夫
文化財報道と新聞記者——中村俊介

### 文化史・誌

毘沙門天像の誕生 シルクロードの東西文化交流——田辺勝美
落書きに歴史をよむ——三上喜孝
密教の思想——立川武蔵
霊場の思想——佐藤弘夫
四国遍路 さまざまな祈りの世界——星野英紀・浅川泰宏
跋扈《ばっこ》する怨霊 祟りと鎮魂の日本史——山田雄司
将門伝説の歴史——樋口州男
藤原鎌足、時空をかける 変身と再生の日本史——黒田 智
変貌する清盛 『平家物語』を書きかえる——樋口大祐
鎌倉 古寺を歩く 宗教都市の風景——松尾剛次
空海の文字とことば——岸田知子
鎌倉大仏の謎——塩澤寛樹
日本禅宗の伝説と歴史——中尾良信
水墨画にあそぶ 禅僧たちの風雅——高橋範子
日本人の他界観——久野 昭
観音浄土に船出した人びと 熊野と補陀落渡海——根井 浄
殺生と往生のあいだ 中世仏教と民衆生活——苅米一志
浦島太郎の日本史——三舟隆之
宗教社会史の構想 真宗門徒の信仰と生活——有元正雄
読経の世界 能読の誕生——清水眞澄
戒名のはなし——藤井正雄
墓と葬送のゆくえ——森 謙二
仏画の見かた 描かれた仏たち——中野照男
ほとけを造った人びと 止利仏師から運慶・快慶まで——根立研介
〈日本美術〉の発見 岡倉天心がめざしたもの——吉田千鶴子
祇園祭 祝祭の京都——川嶋將生

## 歴史文化ライブラリー

- 番茶と日本人——中村羊一郎
- 踊りの宇宙 日本の民族芸能——三隅治雄
- 日本の祭りを読み解く——真野俊和
- 柳田国男 その生涯と思想——川田 稔
- 海のモンゴロイド ポリネシア人の祖先をもとめて——片山一道

### 世界史

- 中国古代の貨幣 お金をめぐる人びとと暮らし——柿沼陽平
- 黄金の島 ジパング伝説——宮崎正勝
- 琉球と中国 忘れられた冊封使——原田禹雄
- 古代の琉球弧と東アジア——山里純一
- アジアのなかの琉球王国——高良倉吉
- 琉球国の滅亡とハワイ移民——鳥越皓之
- 王宮炎上 アレクサンドロス大王とペルセポリス——森谷公俊
- イングランド王国と闘った男 ジェラルド・オブ・ウェールズの時代——桜井俊彰
- 魔女裁判 魔術と民衆のドイツ史——牟田和男
- フランスの中世社会 王と貴族たちの軌跡——渡辺節夫
- ヒトラーのニュルンベルク 第三帝国の光と闇——芝 健介
- 人権の思想史——浜林正夫
- グローバル時代の世界史の読み方——宮崎正勝

### 考古学

- タネをまく縄文人 最新科学が覆す農耕の起源——小畑弘己
- 農耕の起源を探る イネの来た道——宮本一夫
- O脚だったかもしれない縄文人 人骨は語る——谷畑美帆
- 老人と子供の考古学——山田康弘
- 〈新〉弥生時代 五〇〇年早かった水田稲作——藤尾慎一郎
- 交流する弥生人 金印国家群の時代の生活誌——高倉洋彰
- 樹木と暮らす古代人 木製品が語る弥生・古墳時代——樋上 昇
- 古 墳——土生田純之
- 東国から読み解く古墳時代——若狭 徹
- 神と死者の考古学 古代のまつりと信仰——笹生 衛
- 国分寺の誕生 古代日本の国家プロジェクト——須田 勉
- 銭の考古学——鈴木公雄
- 太平洋戦争と考古学——坂詰秀一

### 古代史

- 邪馬台国 魏使が歩いた道——丸山雍成
- 邪馬台国の滅亡 大和王権の征服戦争——若井敏明
- 日本語の誕生 古代の文字と表記——沖森卓也
- 日本国号の歴史——小林敏男
- 古事記のひみつ 歴史書の成立——三浦佑之
- 日本神話を語ろう イザナキ・イザナミの物語——中村修也
- 東アジアの日本書紀 歴史書の誕生——遠藤慶太
- 〈聖徳太子〉の誕生——大山誠一

## 歴史文化ライブラリー